Lo que otros dicen...

"*La Bendición Torá*, por el pastor Larry Huch, es una mina de pepitas de oro espirituales que todos los cristianos deberían leer. Los creyentes aprenderán la profundidad de nuestra relación con nuestras raíces judías y su importancia en relación con nuestra fe".

—Marcus D. Lamb
Presidente y Director General, Daystar Television Network

"Como rabino ortodoxo que es también un creyente en Yeshúa y pastor de una congregación mesiánica en Jerusalén, debo decir que estoy muy contento de estar asociado con el pastor Huch y su congregación. Hace años que le conozco y he visto cómo su alma y su corazón se han entrelazado con el pueblo judío y la tierra de Israel. Tiene un hambre insaciable y una pasión por estudiar la Biblia y extraer las verdades ocultas para llevar las revelaciones de Dios al mundo. Él ha seguido con diligencia en este camino de estudio durante muchos años, y ha causado un impacto profundo en el mundo con sus enseñanzas al conectar el Nuevo Testamento con sus raíces judías. El pastor Larry tiene un don único de ser capaz de tomar verdades bíblicas muy antiguas y profundas y enseñarlas de una forma relevante y transformadora. Es capaz de presentar estas verdades de una forma que celebra lo que el Señor ha hecho en el pasado y también lo que Él pretende hacer en el futuro. Ha sacado a la luz misterios que han sido malentendidos, malinterpretados o que se han pasado por alto durante generaciones. Su mensaje es, sin lugar a duda, una revelación postrera y verdaderamente *¡para un momento como este!*' (Ester 4:14)".

—Rabino Joseph Shulam
Director, Netivyah Bible Instruction Ministry, Jerusalén

"El libro del pastor Larry Huch, *La Bendición Torá*, desvela las raíces judías del cristianismo. Revela los misterios de la Palabra de Dios ocultos durante siglos para la mayoría de cristianos occidentales. La revelación de esos misterios ocultos le asombrará. Y, si aplica los principios de esos misterios ocultos a su vida, experimentará un nivel de bendición y de milagros que nunca creyó que fuese posible".

—David Cerullo
Presidente y Director General, Inspiration Ministries

"A lo largo de la Historia, Dios, en su gracia, nos ha recordado la necesidad de proclamar sus principios no como candados mediante los cuales hay que restringir a las personas, sino como llaves que las pongan en libertad. Desde los padres de la iglesia primitiva, los reformadores y las ardientes y brillantes luces del siglo XXI, Dios siempre ha tenido a algunos que se niegan a aceptar el status quo religioso y, en cambio, avanzan con un entendimiento de las cosas espirituales que nos incita a ser más semejantes a Él. Larry Huch es uno de esos hombres. Su entendimiento de la ley de Dios desde la perspectiva única del pueblo escogido de Dios le pondrá a usted en libertad para llegar a ser más semejante a Aquel cuyo rostro buscamos con sinceridad, cuya gloria veremos, y a cuyos pies humildemente nos postraremos en adoración".

—Rod Parsley
Pastor principal, World Harvest Church, Columbus, OH
Anfitrión de los ministerios televisivos Breakthrough

La Bendición TORÁ

Revelando el misterio,
impartiendo el milagro

LARRY HUCH

WHITAKER
HOUSE

Todas las citas bíblicas son tomados de la versión *Santa Biblia, Reina-Valera* 1960 © 1960 Sociedades Bíblicas en América Latina; © renovado 1988 Sociedades Bíblicas Unidas. Usado con permiso.

Traduccion al espanol realizada por:
Belmonte Traductores
Manuel de Falla, 2
28300 Aranjuez
Madrid, ESPAÑA
www.belmontetraductores.com

La Bendición Torá:
Revelando el misterio, facilitando el milagro

Publicado originalmente en ingles bajo el titulo:
The Torah Blessing: Revealing the Mystery, Releasing the Miracle

ISBN: 978-1-60374-156-9
Impreso en los Estados Unidos de America
©2009 por Larry Huch

Whitaker House
1030 Hunt Valley Circle
New Kensington, PA 15068
www.whitakerhouse.com

Library of Congress CIP Data

Huch, Larry.
[Torah blessing. Spanish]
La bendición tora : revelando el misterio, facilitando el milagro / por Larry Huch.
p. cm.
Summary: "Explores the Jewish roots of the Christian faith, explains the implications of being grafted into the covenant promises and inheritance of Israel, and advocates an observation of Torah aspects in order to reach a deeper level of intimacy with our Jewish Messiah"—Provided by publisher.
ISBN 978-1-60374-156-9 (trade pbk. : alk. paper) 1. Messianic Judaism. 2. Jewish Christians—History. 3. Judaism (Christian theology) 4. Christianity—Origin. 5. Christianity and other religions—Judaism. 6. Judaism—Relations—Christianity. I. Title.
BR195.J8H83 2009b
289.9—dc22

2009028793

1 2 3 4 5 6 7 8 9 10 ℧ 15 14 13 12 11 10 09

Dedicatoria

Dedico este libro a mis hijos y sus cónyuges, quienes siempre han compartido nuestra pasión por Dios, su Palabra, su pueblo y nuestro ministerio. Estoy muy orgulloso de cada uno de ustedes, como personas maravillosas y como parte integral de nuestro equipo ministerial. Anna y Brandin (esposo), Luke y Jen (esposa), y Katie...ustedes validan mi propósito, ¡y llenan mi vida de amor y diversión!

A mis "dulces" nietos, Asher, Judah y Aviva Shalom, la luz y el gozo de mi vida.

Y, como siempre, a mi esposa Tiz, que durante más de treinta y tres años, ha aportado inspiración, apoyo y amor continuos a todo lo que hago.

Prefacio

La antigua sabiduría judía enseña que todo lo que Dios creó tiene un propósito. El gran rey David se preguntaba sobre cuál sería el propósito de una araña hasta que una de ellas tejió una tela en la entrada de la cueva en la que él se escondía. Los soldados que le perseguían no se molestaron en entrar en dicha cueva al considerar que la tela de araña era indicación suficiente de que David no había entrado en esa cueva. Esa araña salvó la vida al rey judío.

Para mí, el propósito de una araña era mucho más trivial, pero aun así, bastante apasionante. Durante años, me he quedado perplejo por una grande y hermosa tela de araña que se podía ver en el porche de mi casa más de una mañana. Por uno de sus lados estaba anclada a la pared de mi casa y el canalón debajo del tejado, y por el otro extremo estaba anclada a un poste. El problema de ingeniería me dejó perplejo. Suponiendo que la araña comenzó su trabajo en la pared de mi casa, ¿cómo llegó hasta el poste que estaba a más de un metro de distancia? ¿Acaso sujetó un hilo a la pared, para descender laboriosamente por la pared, cruzar la distancia de más de un metro de cemento hasta la base del poste, y ascender todo el poste, arrastrando tras ella un hilo muy largo? ¿Enrolló luego el hilo hasta dejarlo tirante y lo sujetó al poste? Eso parecía bastante improbable, pero si no había sido así, ¿cómo lo habría hecho?

Finalmente lo descubrí cuando observé a la araña pegada a la pared de mi casa. Sus pezones hiladores expulsaban el hilo más fino que jamás se podría imaginar. Ese hilo era movido por las casi imperceptibles corrientes de aire durante un momento antes de ser soltado sin acierto en el poste, y después pendía inútilmente de su cuerpo. La araña cortó ese hilo e hizo otro intento. Otro fallo. Al tercer intento, el hilo voló hasta engancharse en el poste, pues era lo suficientemente pegajoso como para adherirse a la superficie. Inmediatamente, la araña salió corriendo a través de su nuevo "puente" y comenzó la construcción de la hermosa tela que más tarde yo vería reflejando la luz del sol creciente.

El propósito de esa araña me enseñó que la única manera de alcanzar algo es producir y proyectar, a veces sin saber si nuestro trabajo se anclará o dónde lo hará.

Mi amigo, el pastor Larry Huch, ha sabido esto desde hace bastante tiempo. Ha sabido que su misión en la vida es inspirar, enseñar y guiar enseñando sobre los orígenes hebreos de nuestra fe. Él comenzó antes de que esto se hiciera popular, proyectando sus poderosas innovaciones, las cuales a menudo eran llevadas por el viento y caían en la oscuridad. Lo intentó de nuevo, una y otra vez, y nunca flaqueó en su determinación ni se cansó de enseñar. Finalmente, tras un incesante esfuerzo, el hilo se ató, y sus seguidores comenzaron a multiplicarse. Él hizo lo que sabía que tenía que hacer, le hiciera o no ser popular, y la pura vitalidad, energía y autenticidad de su empresa le produjo una gran bendición tanto a él como a su familia, y a toda su congregación. Con este volumen que usted posee comenzará a captar algo de su emoción. Le inundará un impulso incontrolable y creciente de saber más acerca del judaísmo y la herencia hebrea. Las piezas encajarán, los misterios se resolverán, y su fe será fortalecida.

Quizá se pregunte cómo yo, un rabino judío ortodoxo, que no sabe mucho sobre el cristianismo, puede asegurarle que este libro mejorará su relación con Dios. Le respondo señalando que de los veinte peores desastres naturales del siglo XX, los que causaron las mayores pérdidas de vidas humanas, sólo tres ocurrieron en países cristianos. Ahora bien, esto ciertamente no quiere dar a entender que Dios odie a los países no cristianos y que cause los desastres naturales para afligirlos. Observe que no fui yo quien estipuló los veinte desastres naturales más potentes, sino sólo los que causaron las mayores pérdidas de vidas humanas. De hecho, el ciclón de abril de 1991 que golpeó Bangladesh tenía una magnitud un poco menor que el huracán Hugo, que barrió la costa atlántica de los Estados Unidos en el otoño de 1989. El huracán Hugo mató a menos de cuarenta norteamericanos, incluyendo algunos pacientes de hospitales. No obstante, la tormenta de Bangladesh dos años después mató a más de 138.000 bangladesíes. ¿Cómo puede explicarse esta pérdida tan desproporcionada de vidas por fenómenos meteorológicos de proporciones similares? La respuesta es que, en los países cristianos, la importancia de la vida es un imperativo cultural crucial y, por tanto, construyen muros marítimos, desarrollan sistemas de alerta y preparan rutas de evacuación.

En 1953 cerca de dos mil holandeses se ahogaron cuando el mar del Norte abrió una brecha en un dique e inundó parte de la baja Holanda. En pocos años, los protestantes habían comenzado el proyecto de ingeniería civil más grande del mundo, y aunque fueron golpeados por la misma meteorología tan horrible del mar del Norte, Holanda nunca se ha vuelto a inundar de manera importante desde entonces. Por otro lado, año tras año, las tormentas llevan inundaciones a muchos países asiáticos en los que la gente muere por decenas de miles. No existen sistemas de alarma, y mucho menos diques o rutas de evacuación.

Y no sólo las inundaciones. El 23 de diciembre de 2003 un terremoto masivo que alcanzó 6.5 en la escala de Richter sacudió California central alrededor de la ciudad de Paso Robles. Sólo dos personas murieron. Tres días después, el 26 de diciembre de 2003, más de treinta mil víctimas perecieron en un terremoto en Irán, en la ciudad de Bam. Para explicar el número de víctimas tan grande producido por un terremoto no más fuerte que el que había sacudido Paso Robles, las autoridades iraníes lo adujeron a la pobreza. La verdad es que cuesta considerablemente más construir instalaciones nucleares a gran escala, como ha hecho Irán, que actualizar el diseño de los edificios para mejorar la seguridad en una zona sensible a los terremotos. El problema no es la pobreza, sino las prioridades.

Aquí, en Estados Unidos, uno de los principales abanderados de la civilización cristiana, tenemos dos imperativos culturales incrustados profundamente en nuestro ADN nacional. Ambos fluyen de la Biblia, con la cual los fundadores de nuestro país estaban íntimamente familiarizados, y por medio de la cual esculpieron sus cosmovisiones.

Nuestro primer imperativo cultural característico es ser menos vulnerables a la naturaleza. Creíamos que estábamos siguiendo la voluntad divina cuando desarrollamos la medicina y la tecnología médica para dominar la enfermedad. Descubrimos insecticidas para proteger nuestro abastecimiento de alimentos. Construimos presas para proteger a las poblaciones del desbordamiento de los ríos. Nos tomamos muy en serio el mandamiento de Génesis 1:28, cuando Dios les dijo a Adán y Eva: *"Fructificad y multiplicaos; llenad la tierra y sojuzgadla"*. Nunca entendimos que *"sojuzgadla"* significara destruir la naturaleza o despojar el entorno. Sabíamos que conllevaba practicar una mayordomía responsable y hacernos menos vulnerables a la naturaleza, lo cual no siempre es favorable o benéfico. Sabíamos que estábamos agradando a Dios al hacernos más seguros, y este conocimiento dio urgencia y significado a nuestros esfuerzos, los cuales parecieron entonces ser bendecidos. No es por casualidad que la gran mayoría de esos desarrollos científicos y técnicos se produjeran en Occidente.

El segundo imperativo cultural característico de la civilización occidental es la importancia de preservar la vida humana. Este también se deriva directamente de nuestras raíces bíblicas, y nos distingue del peculiar fatalismo hacia la muerte que se encuentra en tantas otras culturas.

Juntos, estos dos valores bíblicos englobados en Occidente, en general—y en Norteamérica en particular—son responsables principalmente de la gran disminución del impacto que los desastres naturales han infligido a la sociedad occidental.

En otras palabras, para mí está claro que la antigua sabiduría judía englobada en la Biblia puede desterrar el barbarismo y cultivar la civilización. Crea más culturas, sociedades y países prósperos. De igual modo, creo que la antigua sabiduría judía englobada en la Biblia, la cual mi amigo el pastor Larry Huch venera y enseña, puede transformar su vida y darle un sentimiento de reverencia a su fe.

Estoy muy contento de que Dios le guiara a escribir este libro, y le deseo una *mazel tov*, muchísima buena fortuna. Que sus aventuras en el crecimiento espiritual sean recompensadas por su excursión a lo largo de este volumen.

—Rabino Daniel Lapin
The American Alliance of Jews and Christians
Mercer Island, Washington

Índice

Introducción:
Mi viaje sin retorno

ace trece años, me encontraba en mi primer viaje a Israel. No era un viaje que yo hubiera estado deseando hacer, ya que, a fin de cuentas, como cristiano que era, me habían enseñado que Dios básicamente ya había terminado con Israel y que los judíos habían recibido su oportunidad de aceptar a Jesús como el Mesías pero no la habían aprovechado. Me habían enseñado que la "iglesia"—no una denominación o un edificio, sino los creyentes que formaban el cuerpo de Cristo—había reemplazado a Israel; de hecho, la iglesia *era* Israel.

Yo estaba muy equivocado. *Nada* podía haber estado más lejos de la verdad.

Es cierto que yo no estaba intentando "reconectar con mis raíces judías" en este viaje, ni siquiera sabía lo que significaba esa frase; sin embargo, me embargaba un sentimiento persistente que, como pastor, no me atrevía a pronunciar a la luz del día: había algo que faltaba en mi vida y en mi fe cristiana.

¿Alguna vez se ha sentido usted así? En sus momentos callados, en soledad, ¿alguna vez se ha preguntado o incluso orado:

Dios, ¿qué es lo que no funciona?
Te amo; te estoy sirviendo; creo en tu Palabra.
Sé que tú eres el mismo ayer, hoy y por los siglos. Sé que todo esto es verdad.

Entonces, ¿por qué siento que falta algo en mi vida?

Si alguna vez ha batallado con esos pensamientos, sepa que no está solo, sé exactamente por lo que está pasando. Esa era mi disposición cuando emprendí mi viaje a Israel.

Cuando llegué a la Tierra Santa, uno de los primeros lugares donde me llevaron mis amigos israelitas fue Capernaúm. A pesar de mi indecisión, estaba realmente emocionado por ir allí porque sabía que era el lugar de una de las grandes historias de la Biblia. Capernaúm era el lugar donde Jesús sanó a la suegra de Pedro, como se describe en Marcos 1:29-39.

Al entrar por las puertas, las ruinas de la casa de Pedro quedaban justamente delante de nosotros. Es una de las atracciones turísticas más populares de todo Israel. Muchas personas que van allí, sin embargo, pasan por alto otro punto de igual importancia. Girando a la derecha tras pasar por las puertas, se ven las ruinas de lo que fue una sinagoga. Joseph, mi amigo de Jerusalén, comenzó a contarme todo sobre ese lugar santo de adoración judía. Mientras lo hacía, yo no podía dejar de pensar: *¿Y qué? ¿Qué tengo yo que ver con esta sinagoga? Yo creo en Jesús.* Entonces, Joseph señaló una inscripción que había en el dintel de la puerta. Indicaba que la sinagoga había sido dedicada por los nietos de los apóstoles de Jesús. A medida que el grupo comenzó a alejarse, yo me quedé paralizado. Detuve al grupo y dije: "Joseph, cuéntame otra vez quién dedicó esta sinagoga".

Él me lo volvió a explicar.

—¿Cómo es posible?—pregunté—¿Acaso los descendientes de los apóstoles no eran cristianos? ¿No eran seguidores de Jesús?

—Por supuesto que lo eran—dijo Joseph.

Yo seguía confundido, y pregunté:

—¿Entonces qué haría un seguidor de Jesús en una sinagoga? ¿Acaso volvieron al judaísmo?

Las siguientes palabras cambiaron mi vida, y creo que también cambiarán la de usted. Fue la razón por la que Dios me había llevado a Israel, y la respuesta que yo había estado buscando.

—Larry—me dijo—, la iglesia y la sinagoga fueron sinónimos durante trescientos veinticinco años después de la resurrección de Cristo. Jesús nunca pretendió que sus seguidores se separasen de Israel, del pueblo de Dios, o de la Torá. Como cristianos, habíamos de ser *injertados*.

Mientras Joseph guiaba al resto del grupo a la casa de Pedro, yo permanecí allí. Y no estaba solo, porque mi Dios—el Dios de Israel, el Dios de los judíos, el Dios de esa sinagoga—estaba ahí conmigo, y amorosamente me dijo: "Larry, voy a abrir tus ojos; voy a enseñarte cómo leer mi Palabra, no con los ojos de un Jesús gentil, ni con los ojos de un Jesús protestante o un Jesús católico, sino con los ojos de un Jesús judío. Voy a enseñarte lo que te ha faltado".

De pie en la entrada de una sinagoga de dos mil años de antigüedad en Capernaúm, Israel, en el mar de Galilea, me quedé aturdido por una profunda revelación: Jesús era judío, un judío practicante y cumplidor. Y no sólo eso, sino que sus discípulos y seguidores también eran judíos practicantes.

Para algunos, quizá esto parecerá "una simpleza", pero para mí, en ese momento, fue una revelación que alteró completamente mi entendimiento de quién era Jesús y, por tanto, de quién era *yo* como cristiano. La inscripción en esa sinagoga era una dedicación de los descendientes cristianos de los discípulos de Jesús. Durante generaciones, los seguidores de Jesús siguieron asistiendo a una sinagoga, manteniendo la observancia de la fe y el estilo de vida judíos.

Aquella experiencia me condujo a ver a Jesús, y toda la Biblia, bajo una nueva y fresca luz. Fue un cambio de paradigma, un desarraigo total de cómo me habían enseñado a leer la Palabra de Dios y de cómo yo había seguido a Jesús. Como resultado de ello, se produjo un cambio total en la forma en que me veía a mí mismo y en cómo vivía mi vida como cristiano.

El viaje que he emprendido desde entonces para descubrir y entender las raíces judías de mi fe cristiana ha sido, aparte del momento de mi salvación, la experiencia más transformadora, emocionante y plena de mi vida. Comencé a leer las Escrituras desde una perspectiva judía en lugar de hacerlo desde la doctrina influenciada por los griegos o los romanos que me habían enseñado desde que era un joven creyente. Comencé a entender que Jesús y sus discípulos no eran judíos *convertidos* sino judíos *practicantes*, que guardaban la Torá. Comencé a entender que, para un seguidor de

Jesús, entender la Torá tiene un gran poder y revelación; no sólo estudián-
dola, sino también guardando y compartiendo muchas de sus costumbres
y celebraciones.

Me enganché. No puedo enfatizar suficientemente el impacto que esa
revelación ha tenido en mi vida. Cuanto más investigaba, más comenzaba a
experimentar una plenitud increíble en mi vida como cristiano. El "carácter
judaico" de mi Mesías era la pieza que me faltaba y que abrió una revelación
totalmente nueva de la Palabra de Dios. La Biblia comenzó a cobrar vida de
una forma que nunca antes había experimentado pero que siempre había
buscado. Ahora leía la Biblia y las enseñanzas de Jesús desde la perspectiva
desde la cual fueron escritas, y esto ha traído plenitud no sólo a mi vida
espiritual, sino también a mi familia, mi ministerio, mis finanzas y a cada
aspecto de mi vida. Me ha llevado a convertirme en una mejor persona al entender verdaderamente lo que significa ser *la luz del mundo* (Mateo 5:14).

Mi experiencia ha sido que sin una introducción previa a la idea de que
las raíces judías son esenciales para el cristianismo, muchos creyentes du-
dan en abrir sus corazones y sus mentes a lo que verdaderamente significa.
Quizá temen que, al hacerlo, estarían dejando de lado todo lo que Jesús ha
hecho por ellos. Como pronto aprenderá, eso no podría estar más lejos de
la verdad. El verdadero entendimiento de quién era Jesús como judío hace
que todo lo que Él hizo por nosotros tenga más poder y significado. Sus
enseñanzas y la forma en que vivió y murió comenzarán a cobrar vida en
formas que nunca antes había usted imaginado.

La gran mayoría de respuestas que sigo recibiendo de miles de personas que han recibido esta enseñanza es que la revelación y la verdad "enca-
jan mejor". Esto puede parecer demasiado simple, pero es cierto. No puedo
decirlo mejor ni más claro. Hay algo especial al leer la Palabra de Dios a
través de esta luz nueva y a la vez primitiva que hace que todo se sienta
mejor. Simplemente "encaja bien" en el espíritu, y creo que esa también será
su experiencia.

Lo que me golpeó como un rayo hace una década desembocó en una
revolución. Ahora estamos viendo personas en todo el mundo que están
desesperadamente hambrientas de conocimiento de sus raíces judías, y
también de la sabiduría y la revelación de la Torá. Hay un creciente reco-
nocimiento de que nosotros, como cristianos, no somos, ni fuimos ideados

para separarnos o para ser extranjeros de nuestras raíces judías. Por el contrario, hemos de ser *injertados*, conectados a las raíces. Somos ramas del mismo árbol.

¿No le gustaría ver las promesas de la Palabra de Dios cobrar vida en cada área de su vida a través del Espíritu Santo? ¿Qué tal si yo pudiera mostrarle que la unción de Dios para su familia, sus finanzas y su futuro ha estado siempre delante de usted, pero el enemigo ha nublado sus ojos hasta ahora? La época de la cosecha de las bendiciones de Dios es ahora, en cada área de su vida. Si, como muchos otros, ha estado hambriento de la verdad—verdad que le hará libre—entonces, ¿no querrá acompañarme en un viaje único en la vida?

Mi oración es que, al leer este libro, usted experimente un cambio de paradigma como me ocurrió a mí aquel día en Capernaúm. A medida que descubra las raíces judías de su fe cristiana, oro para que eso revele los misterios de la Palabra de Dios y libere sus poderosos milagros—*La Bendición Torá*—a cada área de su vida.

Que Dios le bendiga,
Larry Huch

1

Nuestro árbol genealógico familiar

E scuchamos este versículo muchas veces: *"La verdad os hará libres"*. Permítame decirle un pequeño secreto: *no es cierto*. Sé que muchos de ustedes estarán asombrados en estos momentos. Quizá estén pensando: *¿Cómo puede decir esto el pastor Larry? Está en la Biblia. Jesús mismo lo dijo. Han enseñado sobre esto muchas veces: "La verdad os hará libres".*

Estoy aquí para decirle: "No, no lo hará". ¿Por qué? No lo hará porque eso no es lo que la Biblia dice. Leamos juntos este pasaje:

Dijo entonces Jesús a los judíos que habían creído en él: Si vosotros permaneciereis en mi palabra, seréis verdaderamente mis discípulos; y conoceréis la verdad, y la verdad os hará libres.   (Juan 8:31–32)

De nuevo, algunos de ustedes estarán pensando ahora: *¿Lo ve, pastor Larry? Está ahí mismo, delante de sus ojos: "La verdad os hará libres".* ¿Pero es eso realmente lo que Jesús estaba diciendo? Lea de nuevo el versículo 32. ¿Lo ve? Jesús primero dijo: *"Y conoceréis la verdad"*. Esto significa que usted entenderá la verdad; y entonces, y sólo entonces—cuando conozca la Palabra de Dios y la entienda—esa verdad *"le hará libre"*. Una vez que entendemos los conceptos de Dios, tienen el poder de hacernos libres. Si seguimos siendo ignorantes de lo que dice la Biblia, la verdad permanece, pero esa verdad no nos hará mucho bien hasta que la entendamos. Déjeme ponerle algunos ejemplos.

Antes de conocer a Jesús, yo era drogadicto y traficante. La *verdad* era que Jesús vino hace dos mil años para perdonarme, cambiarme y amarme, pero el *poder* milagroso de esa verdad no me hizo ningún bien hasta que alguien me habló de ello y finalmente pude *entenderlo*. Las verdades

> **Hay muchas promesas de Dios que nunca cobran vida para nosotros, sus hijos, porque no las llegamos a *conocer* y a *entender* bien.**

de que Jesús murió en la cruz, resucitó al tercer día, de que era el Cordero de Dios que quitó mis pecados y que vino para liberar a los cautivos eran reales, pero no me hicieron libres hasta que no las *conocí*. Cuando acepté a Jesús como mi Salvador y comencé a entender estas verdades, la Palabra de Dios saltó de las páginas de la Biblia y pasó de ser *logos* (la palabra griega para las palabras escritas de una página) a ser *rhema* (la palabra griega para la Palabra de Dios, viva y obrando en mi espíritu). Al igual que Jesús era la Palabra de Dios hecha carne, *rhema* es la verdad de la Palabra de Dios vivificada para usted y yo. Hay muchas promesas de Dios que nunca cobran vida para nosotros, sus hijos, porque no las llegamos a *conocer* y a *entender* bien.

Baños y cerdos

Desgraciadamente, una de las principales razones por las que la gente no llega a entender la verdad tiene que ver con las muchas diferencias y complejidades del lenguaje. Hace años, Tiz y yo nos mudamos a Australia para pastorear nuestra segunda iglesia. Poco después de mudarnos allí, nos encontrábamos de visita en la casa de un pastor, y antes de sentarnos a comer, le pregunté: "¿Puedo usar su baño?" Él señaló al pasillo y dijo: "La segunda puerta a la derecha". Yo seguí sus instrucciones y, sin lugar a duda, allí había un lavabo, una bañera y una ducha, pero desgraciadamente para mí, no estaba el objeto que yo realmente necesitaba usar. Tras unos momentos de frustración, salí con vergüenza y admití:

—Lo siento, pero no lo encuentro.

—¿Qué está buscando?—me preguntó él.

Yo le compartí mi necesidad biológica, y dijo:

—Ah, usted no necesita un baño, ¡sino el *wáter*!

Ese día aprendí una lección importante: en Australia, el "wáter" es el inodoro y el "baño" es literalmente la habitación en la que uno se baña. Una vez que entendí esa verdad, me fue de mucha utilidad.

Este es otro ejemplo. Pongamos que le entrego mi billetera y le digo: "¿Le importaría poner esta billetera en mi *bota?*". ¿Cómo lo interpretaría usted? Si usted fuera de Texas, probablemente pondría mi billetera en mi bota de cowboy Tony Llama. Sin embargo, si fuera de Sudáfrica, es más probable que la dejara en el maletero de mi auto. Se emplea la misma palabra—incluso con el mismo deletreo—, pero adquiere dos significados totalmente diferentes.

No tiene usted que ser del otro lado del planeta para encontrar este tipo de confusiones. Si alguien le dijera: "Vieron al pastor Larry montando a un *cerdo* de quinientos kilos", ¿qué significaría eso para usted? Si usted fuera de Arkansas—el estado de los cerdos Razorback—probablemente me imaginaría usted sentado en la espalda de un animal muy grande con un hocico. Sin embargo, si usted fuera del sur de St. Louis, como yo, probablemente me imaginaría conduciendo una motocicleta Harley Davidson de quinientos kilos, lo cual sería lo cierto. De nuevo, se usa la misma palabra, pero la interpretación es diferente dependiendo de su educación, experiencia y cultura, ¡y esto es para la gente que vive en el mismo periodo de tiempo! Imagínese las dificultades que se producen cuando usted introduce diferentes lenguajes, culturas, y una separación de tiempo de dos mil años o más.

Para recoger toda la verdad de Dios de las Escrituras, necesitamos aprender a leer la Biblia no solamente desde una perspectiva europea o norteamericana del siglo XXI, sino también desde la perspectiva de las épocas y las culturas en el que fue escrita, particularmente el mundo judío de la Jerusalén del primer siglo y el Israel circundante. Quienes escribieron la Biblia puede que hablaran hebreo, griego, latín y arameo, pero la mayoría de ellos pensaban y razonaban con una mentalidad judía.

Ya no sois gentiles, ya no sois extranjeros

Comencemos enfocándonos en un pasaje importante de las Escrituras. Aunque fue escrito hace ya más de dos mil años, creo que aún conserva una palabra profética para nosotros hoy día.

Por tanto, acordaos de que en otro tiempo vosotros los gentiles en cuanto a la carne, erais llamados incircuncisión por la llamada circuncisión hecha con mano en la carne. En aquel tiempo estabais sin Cristo, alejados de la

ciudadanía de Israel y ajenos a los pactos de la promesa, sin esperanza
y sin Dios en el mundo. Pero ahora en Cristo Jesús, vosotros que en otro
tiempo estabais lejos, habéis sido hechos cercanos por la sangre de Cristo.
Porque él es nuestra paz, que de ambos pueblos hizo uno, derribando la
pared intermedia de separación, aboliendo en su carne las enemistades,
la ley de los mandamientos expresados en ordenanzas, para crear en sí
mismo de los dos un solo y nuevo hombre, haciendo la paz, y mediante la
cruz reconciliar con Dios a ambos en un solo cuerpo, matando en ella las
enemistades. Y vino y anunció las buenas nuevas de paz a vosotros que
estabais lejos, y a los que estaban cerca, porque por medio de él los unos
y los otros tenemos entrada por un mismo Espíritu al Padre. Así que
ya no sois extranjeros ni advenedizos, sino conciudadanos de los santos,
y miembros de la familia de Dios, edificados sobre el fundamento de
los apóstoles y profetas, siendo la principal piedra del ángulo Jesucristo
mismo, en quien todo el edificio, bien coordinado, va creciendo para ser
un templo santo en el Señor; en quien vosotros también sois juntamente
edificados para morada de Dios en el Espíritu.   (Efesios 2:11–22)

Sé que este es un pasaje largo de las Escrituras, pero tomemos un momento para desgranar estas poderosas palabras.

Pablo dijo que en otro tiempo "éramos gentiles". Esto es muy importante. Si usted no tiene sangre judía pero le ha pedido a Jesucristo que entre en su corazón y perdone sus pecados, usted *en otro tiempo* era un gentil, ¡pero ya no lo es! *Gentil* en griego es la palabra *ethnos*, definida por la *Concordancia Exhaustiva Strong's* como "naciones extranjeras que no adoran al verdadero Dios, paganos". Además de la palabra *gentil*, la Biblia también usa palabras como *extranjeros, extraños* y *naciones*, todas ellas refiriéndose a quienes no adoran al único Dios verdadero, el Dios de Israel, el Dios de Abraham, de Isaac y de Jacob; el Dios que envió a su Hijo Jesús, para pagar por completo el precio de nuestros pecados a fin de que pudiéramos acudir confiadamente ante Él.

Mire lo que dice más adelante en este pasaje: "*Así que ya no sois extranjeros ni advenedizos, sino conciudadanos de los santos, y miembros de la familia de Dios*" (versículo 19). Pablo se refería a nosotros. En *otro* tiempo éramos extranjeros, pero *ahora* somos conciudadanos con los santos—la iglesia—y miembros de la familia de Dios con Israel.

Redimidos y reconectados

Como cristiano, probablemente haya oído en muchas ocasiones que ha sido "redimido por la sangre de Jesús". Cuando nos hacemos creyentes, somos restaurados como hijos de las promesas del pacto de Dios a través de la sangre que Jesús derramó. Los siguientes son tan sólo unos cuantos ejemplos de las Escrituras:

> *Sabiendo que fuisteis rescatados de vuestra vana manera de vivir, la cual recibisteis de vuestros padres, no con cosas corruptibles, como oro o plata, sino con la sangre preciosa de Cristo, como de un cordero sin mancha y sin contaminación.* (1 Pedro 1:18–19)

> *Digno eres de tomar el libro y de abrir sus sellos; porque tú fuiste inmolado, y con tu sangre nos has redimido para Dios, de todo linaje y lengua y pueblo y nación.* (Apocalipsis 5:9)

Efesios 2 deja claro que, sin Jesús, somos ajenos, extranjeros y extraños, desconectados de Dios. Ahora, gracias a nuestra redención, Dios nos ha reconectado a dos cosas muy importantes.

1. Hemos sido adoptados en una nueva familia

En primer lugar, ahora somos parte de la familia de Israel. El apóstol Pablo tenía una manera única de explicar esto para una audiencia del primer siglo que estaba familiarizada con las cosas que crecían de la tierra:

> *Pues si algunas de las ramas fueron desgajadas, y tú, siendo olivo silvestre, has sido **injertado** en lugar de ellas, y has sido hecho participante de la raíz y de la rica savia del olivo, no te jactes contra las ramas; y si te jactas, sabed que no sustentas tú a la raíz, sino la raíz a ti.* (Romanos 11:17–18, énfasis añadido)

Este es un pasaje muy importante para nuestro estudio, al cual volveremos en varias ocasiones. Por ahora, sin embargo, quiero que vea que usted y yo—los cristianos no judíos—hemos sido *"injertados"* en el árbol. Las ramas de ese árbol son Israel. Según las Escrituras, hemos sido adoptados—*injertados*—en la familia de Israel por la vida y sangre de Jesucristo.

Nuestra fe, por tanto, no está aislada; no existe independientemente, y no se debe tratar como una religión "derivada". No somos huérfanos espirituales, sino que pertenecemos a un "árbol familiar" vivo y espiritual que está soportado por una raíz común: Jesucristo, el Mesías. *"Recuerde que no sustenta usted a la raíz, sino la raíz a usted"*. La Biblia deja esto claro tanto en el Antiguo como en el Nuevo Testamento:

> *Acontecerá en aquel tiempo que la raíz de Isaí, la cual estará puesta por pendón a los pueblos, será buscada por las gentes; y su habitación será gloriosa.* (Isaías 11:10)

> *Yo Jesús he enviado mi ángel para daros testimonio de estas cosas en las iglesias. Yo soy la raíz y el linaje de David, la estrella resplandeciente de la mañana.* (Apocalipsis 22:16)

2. Somos herederos legales del pacto de Abraham

En segundo lugar, ahora que hemos sido adoptados en la familia, también estamos conectados a la promesa que Dios le hizo a su pueblo: su promesa del pacto.

> *Sabed, por tanto, que los que son de fe, éstos son hijos de Abraham. Y la Escritura, previendo que Dios había de justificar por la fe a los gentiles, dio de antemano la buena nueva a Abraham, diciendo: En ti serán benditas todas las naciones. De modo que los de la fe son bendecidos con el creyente Abraham.* (Gálatas 3:7–9)

Como cualquier niño que es adoptado en una familia, ahora nosotros tenemos los mismos derechos que los herederos legales de esa familia. En este caso, nuestra adopción es gracias a la sangre que Jesús derramó. Ahora somos hijos del pacto. ¿Qué pacto? El pacto de Dios con Abraham, quien en ese tiempo se llamaba Abram:

> *Pero Jehová había dicho a Abram: Vete de tu tierra y de tu parentela, y de la casa de tu padre, a la tierra que te mostraré. Y haré de ti una nación grande, y te bendeciré, y engrandeceré tu nombre, y serás bendición. Bendeciré a los que te bendijeren, y a los que te maldijeren maldeciré; y serán benditas en ti todas las familias de la tierra.* (Génesis 12:1–3)

Con eso, Abram se convirtió en el primer hebreo. Observe que no dije israelita, porque en aquel entonces, obviamente, no existía la tierra de Israel. Podríamos decir que él se convirtió en la primera persona judía en la faz de la tierra. ¿Cómo sucedió esto?

Según la tradición judía, Abram creció trabajando en la tienda de su padre, que vendía ídolos, aunque él siempre cuestionó las creencias de su padre. Un día, según se cuenta, el joven Abram rompió todos los ídolos con un martillo mientras su padre estaba fuera, y luego colocó el martillo junto a uno de los ídolos que no había roto. Cuando su padre regresó, Abram culpó del delito a ese ídolo. Su padre se enojó y alegó que la historia era imposible, ya que esos ídolos no tenían vida o poder. Abram dijo estar de acuerdo y preguntó: "¿Entonces por qué los adoras?". La historia sugiere que Abram creía que el universo era obra de un sólo creador y comenzó a compartir esto con otros. Claro está, este relato es de la Midrash judía—las enseñanzas orales de la Torá—y no de nuestras Escrituras, pero el Antiguo Testamento coincide en que la familia de Abraham adoraba ídolos. (Ver Josué 24:2).

> **La fe en un único Dios del joven Abram fue la semilla que se convertiría en Israel.**

Sea como fuese en realidad, la fe en un único Dios del joven Abram fue la semilla que se convertiría en Israel: el pueblo de Dios. Más tarde, Dios le diría al a nación de Israel:

> *Oídme, los que seguís la justicia, los que buscáis a Jehová. Mirad a la piedra de donde fuisteis cortados, y al hueco de la cantera de donde fuisteis arrancados. Mirad a Abraham vuestro padre, y a Sara que os dio a luz; porque cuando no era más que uno solo lo llamé, y lo bendije y lo multipliqué.* (Isaías 51:1–2)

Ahora bien, puede que algunos de ustedes estén pensando: *Pero pastor Larry, cuando Dios dijo: "Mirad a Abraham vuestro padre", ¿no le estaba hablando a Israel y no a nosotros?*

Es cierto que Él se estaba dirigiendo a Israel, pero también es cierto que usted y yo hemos sido "injertados". Permítame hacerle una pregunta: ¿Es usted de Cristo? Si su respuesta es sí, entonces Dios dice que usted es simiente de Abraham. No importa si nació en África, Europa,

Asia, Australia, Norteamérica, Sudamérica o la Antártida; si es un cristiano no judío, *en otro tiempo* fue gentil, pero ahora que ha nacido de nuevo, ya no es extranjero sino simiente de Abraham y heredero según la promesa.

El olivo

En Romanos 11, el apóstol Pablo compara Israel con un olivo. Ahora que entendemos que el árbol en el que hemos sido injertados es Israel, veamos algunos detalles bíblicos e históricos del olivo. A lo largo de este libro haré referencia al hecho de que todo lo que Dios nos enseña tiene tanto una parte *física* como una parte *espiritual*, un lado *terrenal* y un lado *celestial*. Cuando miramos las características de un olivo *físico*, podemos ver las mismas bendiciones en el olivo *espiritual*, Israel.

1. Los olivos viven más que la mayoría de otros árboles frutales. De igual forma, Israel y el pueblo judío han sobrevivido a todos los imperios que les han esclavizado o intentado destruir, incluyendo el imperio persa, el imperio babilónico, el imperio otomano y el imperio romano. Incluso sobrevivieron al gobierno nazi, el "milenio del Reich" que intentó aniquilarlos.

   Ninguna arma forjada contra ti prosperará, y condenarás toda lengua que se levante contra ti en juicio. Ésta es la herencia de los siervos de Jehová, y su salvación de mí vendrá, dijo Jehová. (Isaías 54:17)

2. Las raíces de un olivo son fuertes y pueden vivir en todo tipo de terrenos. De igual forma, a lo largo de la Historia, aunque el pueblo judío ha sido esparcido por todo el mundo entre diferentes razas y culturas, el judaísmo ha sobrevivido y ha permanecido intacto.

   Ahora, así dice Jehová, Creador tuyo, oh Jacob, y Formador tuyo, oh Israel: No temas, porque yo te redimí; te puse nombre, mío eres tú. Cuando pases por las aguas, yo estaré contigo; y si por los ríos, no te anegarán. Cuando pases por el fuego, no te quemarás, ni la llama arderá en ti. (Isaías 43:1–2)

3. Incluso en los olivos viejos, los brotes pueden crecer y reproducirse. A pesar de la persecución y la dispersión, el judaísmo ha crecido y la población de Israel ha aumentado.

Tu mujer será como vid que lleva fruto a los lados de tu casa; tus hijos como plantas de olivo alrededor de tu mesa. (Salmo 128:3)

4. Incluso hoy, el aceite de oliva sigue siendo una de las mayores fuentes de riqueza. De igual forma, Dios ha bendecido a Israel continuamente con provisión siempre que su pueblo lo ha necesitado.

Guardarás, pues, los mandamientos de Jehová tu Dios, andando en sus caminos, y temiéndole. Porque Jehová tu Dios te introduce en la buena tierra, tierra de arroyos, de aguas, de fuentes y de manantiales, que brotan en vegas y montes; tierra de trigo y cebada, de vides, higueras y granados; tierra de olivos, de aceite y de miel; tierra en la cual no comerás del pan con escasez, ni te faltará nada en ella; tierra cuyas piedras son hierro, y de cuyos montes sacarás cobre.…Sino acuérdate de Jehová tu Dios, porque él te da el poder para hacer las riquezas, a fin de confirmar su acto que juró a tus padres, como en este día. (Deuteronomio 8:6–9, 18)

5. El aceite de oliva se usa como combustible y como alimento. De igual modo, a lo largo de la Historia, el judaísmo ha sostenido y provisto a su pueblo.

Como me envió el Padre viviente, y yo vivo por el Padre, asimismo el que me come, él también vivirá por mí. (Juan 6:57)

6. El aceite de oliva se usa para ungir y sanar. El llamado de Dios para su pueblo es el mismo: ser apartado para bendecir a otros.

Y harás de ello el aceite de la santa unción; superior ungüento, según el arte del perfumador, será el aceite de la unción santa.…Y hablarás a los hijos de Israel, diciendo: Este será mi aceite de la santa unción por vuestras generaciones. (Éxodo 30:25, 31)

Y saliendo, [los apóstoles] predicaban que los hombres se arrepintiesen. Y echaban fuera muchos demonios, y ungían con aceite a muchos enfermos, y los sanaban. (Marcos 6:12–13)

Enseguida se hace obvio—y emocionante—por qué es una bendición ser injertado en las promesas y el pacto de Israel: el olivo de Dios. Recuerde lo que dice Dios, a lo largo de la Biblia, sobre Israel y el pueblo judío:

1.) Ellos son la niña del ojo de Dios; siempre lo han sido, y siempre lo serán.

Porque así ha dicho Jehová de los ejércitos: Tras la gloria me enviará él a las naciones que os despojaron; porque el que os toca, toca a la niña de su ojo. (Zacarías 2:8)

2.) Ellos son un pueblo escogido para ser bendición al resto del mundo.

El pueblo judío, y su Tierra Prometida de Israel, fueron escogidos para conectar al resto del mundo con el Dios de Abraham, de Isaac y de Jacob. Dios dijo:

Y haré de ti una nación grande, y te bendeciré, y engrandeceré tu nombre, y serás bendición. Bendeciré a los que te bendijeren, y a los que te maldijeren maldeciré; y serán benditas en ti todas las familias de la tierra. (Génesis 12:2–3)

La nación de Israel había de ser la conexión con Jesús, tanto en su primera como en su segunda venida. Leamos lo que dijo Jesús en el libro de Mateo:

Vosotros sois la sal de la tierra; pero si la sal se desvaneciere, ¿con qué será salada? No sirve más para nada, sino para ser echada fuera y hollada por los hombres. Vosotros sois la luz del mundo; una ciudad asentada sobre un monte no se puede esconder. Ni se enciende una luz y se pone debajo de un almud, sino sobre el candelero, y alumbra a todos los que están en casa. (Mateo 5:13–14)

Si ha asistido a una iglesia normal durante algún periodo de tiempo, probablemente habrá oído estos versículos durante algún sermón. En la mayoría de los casos, se usan para animar a los cristianos a ser luz en su mundo. En su contexto histórico, sin embargo, cuando Jesús dijo: *"Vosotros sois la sal de la tierra"* (Mateo 5:13) y cuando dijo: *"Vosotros sois la luz del mundo"* (versículo 14), no estaba hablando a cristianos. ¿Entonces a quién estaba recordando Jesús que fueran la sal, preservando esta tierra de pudrirse? ¿A quiénes les estaba recordando que fueran una luz que sacara a la gente de la oscuridad?

Es simple: le estaba hablando a una audiencia judía: la niña del ojo de Dios. No había cristianos en ese entonces. Jesús aún no había muerto en la cruz; aún no había resucitado de la tumba; todavía no había edificado su iglesia. En ese momento de la Historia, *nosotros* sencillamente no existíamos. A través de Jesucristo, por supuesto, ahora hemos sido injertados en el olivo y conectados a la raíz: el Dios de Abraham, de Isaac y de Jacob. Por tanto, *ahora* estamos incluidos en esta misión familiar de ser la luz del mundo y la sal de la tierra.

Ahora que conocemos nuestra herencia—nuestro árbol genealógico espiritual—, podemos comenzar a enfocarnos en lo que esto significa para nuestras vidas y nuestra fe, y podemos aprender cómo debe vivir junta nuestra familia mixta y a veces disfuncional.

Es sencillo. Tenemos que edificar el modelo correcto de casa.

2

Edificando un templo

menudo, cuando viajo y enseño en un lugar nuevo, le hago a la audiencia una pregunta: ¿Cuántos de ustedes creen que la Palabra de Dios, la Biblia es, sin excepción, la cosa más poderosa del mundo? La multitud normalmente grita un entusiasmado "¡Amén!" o un eufórico "¡Yo!". Debería usted ver la expresión en sus rostros cuando les digo que están equivocados. Y lo hago para dar un golpe de efecto, pero también para establecer un importante punto. Obviamente, yo creo firmemente que la Biblia es la Palabra de Dios infalible, ¿pero qué ocurre con esas creencias que aceptamos que no vienen de Dios sino de las religiones o tradiciones del hombre?

Jesús a menudo se enfrentó a esto cuando confrontaba los actos y motivos religiosos huecos de los fariseos. Cuando confrontaba a los más "religiosos", Jesús no se andaba con miramientos:

Hipócritas, bien profetizó de vosotros Isaías, como está escrito: Este pueblo de labios me honra, mas su corazón está lejos de mí, pues en vano me honran, enseñando como doctrinas mandamientos de hombres. Porque dejando el mandamiento de Dios, os aferráis a la tradición de los hombres. (Marcos 7:6–8)

Luego, descargó la dura verdad de que estaban "*invalidando la palabra de Dios con vuestra tradición que habéis transmitido*" (versículo 13, énfasis añadido). Parece que Jesús estaba dando a entender que hay tradiciones hechas por el hombre que se transmiten de generación a generación y que pueden "*invalidar*"—desproveer totalmente de poder—la Palabra de Dios.

A lo largo de nuestro viaje juntos, iremos retirando las cortinas de tradición que han estado colgando durante generaciones de enseñanzas religiosas y denominacionales. Mientras lo hacemos, quisiera que pudiéramos ir más allá de las tradiciones de los hombres para llegar a la verdad de la Palabra de Dios. Cuando lo hagamos, como Jesús nos enseñó, la verdad que usted *conozca*, la verdad que usted *entienda*, le hará libre.

Fe más conocimiento

Dios dice que su pueblo—quienes le conocen, aman y siguen—será destruido única y exclusivamente por una razón: la falta de conocimiento.

> *Mi pueblo fue destruido, porque le faltó conocimiento. Por cuanto desechaste el conocimiento, yo te echaré del sacerdocio.*   (Oseas 4:6)

El apóstol Pedro también nos enseñó los beneficios de añadir a nuestra fe un poco de conocimiento:

> *Como todas las cosas que pertenecen a la vida y a la piedad nos han sido dadas por su divino poder, mediante el conocimiento de aquel que nos llamó por su gloria y excelencia, por medio de las cuales nos ha dado preciosas y grandísimas promesas, para que por ellas llegaseis a ser participantes de la naturaleza divina, habiendo huido de la corrupción que hay en el mundo a causa de la concupiscencia; vosotros también, poniendo toda diligencia por esto mismo, añadid a vuestra fe virtud; a la virtud, conocimiento.*   (2 Pedro 1:3–5)

En nuestro viaje juntos, Dios va a añadir conocimiento a su fe. Su deseo es que usted conozca y entienda los misterios de la Biblia.

Apóstoles y profetas

> *Y él mismo constituyó a unos, apóstoles; a otros, profetas; a otros, evangelistas; a otros, pastores y maestros, a fin de perfeccionar a los santos para la obra del ministerio, para la edificación del cuerpo de Cristo, hasta que todos lleguemos a la unidad de la fe y del conocimiento del Hijo de Dios, a un varón perfecto, a la medida de la estatura de la plenitud de Cristo.*   (Efesios 4:11–13)

Según este pasaje de Efesios, Dios nos ha dado apóstoles, profetas, evangelistas, pastores y maestros para poder explicar su Palabra y equipar a los santos para la obra del ministerio. Ahora mire el siguiente versículo. Esto tiene que seguir hasta que *"todos lleguemos a la unidad de la fe y del conocimiento del Hijo de Dios"*. Hemos de tener unidad de fe que reconozca a Jesucristo como el Hijo de Dios, Mesías, Rey de reyes, Señor de señores y Salvador. Sin embargo, a esta fe tenemos que añadir *"el conocimiento del Hijo de Dios"*.

En este contexto, creo que *fe* se refiere a nuestra adherencia al Nuevo Testamento y que *conocimiento* se refiere a nuestra herencia espiritual en el Antiguo Testamento. Creo que necesitamos añadir a nuestra fe en Jesucristo un conocimiento de la Torá. Cuando eso ocurre, nos convertimos en un *"hombre perfecto"*, un hombre o mujer de Dios maduros. Luego *"la plenitud de Cristo"* viene sobre nosotros: todo lo que Jesús pagó por medio de su sangre y todo lo que nos promete la Palabra de Dios.

No me malentiendan. No quiero decir que no haya ejemplos de fe en el Antiguo Testamento. Ciertamente, cuando Abraham colocó a Isaac en el altar como sacrificio, según le había indicado Dios, estaba demostrando una fe excepcional. (Ver Génesis 22:1–14). Por otro lado, cuando Pablo razonó con los hombres de Atenas, estaba incorporando conocimiento al mensaje del evangelio. (Ver Hechos 17:22–32). En general, sin embargo, creo que hay una gran bendición disponible cuando añadimos a nuestra fe en Cristo el conocimiento de la Torá. Entonces, somos capaces de experimentar la verdadera plenitud de Cristo.

Poniendo el fundamento

*Así que ya no sois extranjeros ni advenedizos, sino conciudadanos de los santos, y miembros de la familia de Dios, edificados sobre **el fundamento de los apóstoles y profetas**, siendo la principal piedra del ángulo Jesucristo mismo, en quien todo el edificio, bien coordinado, va creciendo para ser un templo santo en el Señor.*
(Efesios 2:19–21, énfasis añadido)

La casa de Dios está edificada sobre el fundamento de los apóstoles (cuyas enseñanzas llamamos el Nuevo Testamento) y también sobre los profetas (lo que llamamos el Antiguo Testamento), con Jesucristo mismo como la piedra angular. Ya no somos gentiles porque hemos sido injertados como miembros de la familia del Dios de Abraham, de Isaac y de Jacob. Ahora somos miembros de una casa edificada sobre las enseñanzas del Antiguo Testamento y del Nuevo Testamento. En un lado están los profetas, y en el otro lado los apóstoles, y Jesús une a los dos. Si hemos a crecer como *"un templo santo en el Señor"*—si hemos a ver la unción y el poder de Dios—, tenemos que edificar nuestro templo con el fundamento tanto del Nuevo como del Antiguo Testamento. Tenemos esperanza porque, a través de su vida y su sangre, Jesús nos ha conectado a ambos pactos y a todas las promesas de Dios.

> *Sabed, por tanto, que los que son de fe, éstos son hijos de Abraham. Y la Escritura, previendo que Dios había de justificar por la fe a los gentiles, dio de antemano la buena nueva a Abraham, diciendo: En ti serán benditas todas las naciones.* (Gálatas 3:7–8)

Los que son de fe tienen la bendición de poder mirar a Abraham. Los que creemos en Jesús somos la rama salvaje que ha sido injertada en el olivo que es Israel. Las raíces de ese olivo son el Dios de Abraham, de Isaac y de Jacob, y nosotros que somos de fe ahora somos llamados hijos de Abraham.

Una casa, una familia

> *Porque él es nuestra paz, que de ambos pueblos hizo uno, derribando la pared intermedia de separación, aboliendo en su carne las enemistades, la ley de los mandamientos expresados en ordenanzas, para crear en sí mismo de los dos un solo y nuevo hombre, haciendo la paz.*
> (Efesios 2:14–15)

> *En aquel día yo levantaré el tabernáculo caído de David, y cerraré sus portillos y levantaré sus ruinas, y lo edificaré como en el tiempo pasado; para que aquellos sobre los cuales es invocado mi nombre posean el resto de Edom, y a todas las naciones, dice Jehová que hace esto.*
> (Amós 9:11–12)

Yo creo que la clave para un gran derramamiento del poder de Dios se encuentra en estos dos increíbles versículos. En primer lugar, veamos la interpretación de Santiago de la profecía que Dios le dio al profeta Amós, como escribió Lucas en el libro de Hechos:

> *Y cuando ellos callaron, Jacobo respondió diciendo: Varones hermanos, oídme. Simón ha contado cómo Dios visitó por primera vez a los genti-les, para tomar de ellos pueblo para su nombre. Y con esto concuerdan las palabras de los profetas, como está escrito: Después de esto volveré y reedificaré el tabernáculo de David, que está caído; y repararé sus ruinas, y lo volveré a levantar, para que el resto de los hombres busque al Señor, y todos los gentiles, sobre los cuales es invocado mi nombre, dice el Señor, que hace conocer todo esto desde tiempos antiguos.*
>
> (Hechos 15:13–18)

La familia mixta de Dios

La mezcla de esta familia no fue fácil para la iglesia primitiva. Para entender más este hecho, debería usted tomar unos minutos y leer Hechos 15:1–21. Su Biblia probablemente titule esta porción de las Escrituras como "El concilio en Jerusalén". En este pasaje, la iglesia primitiva estaba experimentando un problema dual. En primer lugar, los gentiles se estaban convirtiendo en creyentes en Jesucristo. "*Y el Señor añadía cada día a la iglesia los que habían de ser salvos*" (Hechos 2:47). Desgraciadamente, mu-chos de esos gentiles no sabían cómo actuar ahora que "*ya no eran gentiles*" sino hijos de Dios; no tenían la menor idea. En segundo lugar, algunos de los líderes de la iglesia primitiva sentían que todos los gentiles que habían sido injertados en la familia de Dios a través de Jesucristo tenían que ser circuncidados, para guardar así la ley judía.

> *Pero algunos de la secta de los fariseos, que habían creído, se levantaron diciendo: Es necesario circuncidarlos, y mandarles que guarden la ley de Moisés.*
> (Hechos 15:5)

Tras la deliberación de los apóstoles sobre el asunto, Pedro tomó la palabra:

> *Y Dios, que conoce los corazones, les dio testimonio, dándoles el Espíritu Santo lo mismo que a nosotros; y ninguna diferencia hizo*

entre nosotros y ellos, purificando por la fe sus corazones. Ahora, pues,
¿por qué tentáis a Dios, poniendo sobre la cerviz de los discípulos un
yugo que ni nuestros padres ni nosotros hemos podido llevar?

(Hechos 15:8–10)

Pedro dijo, en efecto: "Si *nosotros* nunca hemos sido capaces de guardar
la ley de Moisés, ¿qué les hace pensar que estos *gentiles* lo harán?" Habiendo
citado la profecía de Moisés de que los gentiles entrarían en el reino de Dios,
Santiago hizo una contrapropuesta sobre cómo deberían ser tratados:

Por lo cual yo juzgo que no se inquiete a los gentiles que se convierten
a Dios, sino que se les escriba que se aparten de las contaminaciones
de los ídolos, de fornicación, de ahogado y de sangre. Porque Moisés
desde tiempos antiguos tiene en cada ciudad quien lo predique en las
sinagogas, donde es leído cada día de reposo.   (versículos 19–21)

El argumento de Santiago triunfó, y el concilio escogió enviar un con-
tingente a los gentiles, que incluía a Pablo y Bernabé, junto con una carta
que contenía esas cuantas instrucciones.

¿Por gracia o por obras?

Como cristianos, una de las primeras cosas que se nos enseña es que no
hay nada—repito, *nada*—que podamos hacer para *ganar* nuestra salvación.
En este punto, la Biblia es totalmente clara:

Pero Dios, que es rico en misericordia, por su gran amor con que nos
amó, aun estando nosotros muertos en pecados, nos dio vida juntamen-
te con Cristo (por gracia sois salvos)....Porque por gracia sois salvos por
medio de la fe; y esto no de vosotros, pues es don de Dios; no por obras,
para que nadie se gloríe.   (Efesios 2:4–5, 8–9)

Dios le dio al concilio de Jerusalén la sabiduría para darse cuenta de que
aquellos antiguos gentiles habían entrado a la familia de Dios a través de la
gracia de Jesucristo. Por tanto, recibieron no sólo la salvación sino también
la bendición de las promesas del pacto de Dios, que fueron pagadas en su
totalidad por la sangre del Cordero. Se acordó que ahora era la circuncisión
del corazón, y no la de la carne, lo que salvaba mediante la fe en Jesucristo.

Para comenzar a adorar juntos, por tanto, aquellos nuevos convertidos necesitaban empezar a dar algunos primeros pasitos de obediencia: cuatro cosas sencillas. Hoy día, esas cosas casi suenan ridículas; sin embargo, debe recordar que aquellos primeros gentiles no sabían absolutamente *nada* de la Torá: la Palabra de Dios.

Puede que las cosas también le parecieran confusas a usted cuando se convirtió, al menos eso es lo que me ocurrió a mí. La noche en que recibí a Jesucristo como mi Señor y Salvador, me sentí tan maravillosamente que, sin saber hacer nada mejor, salí y compré una bolsa de marihuana para fumármela a modo de celebración. Puede que esto le suene absurdo, pero es verdad. Yo no sabía absolutamente *nada* sobre lo que significaba servir y seguir a Dios; era como esos creyentes gentiles de Hechos. Había sido completamente salvo por la gracia de Dios, pero me tenían que guiar paso a paso en mi caminar cristiano. No hubiera podido llevar a cabo grandes tareas. Mi primer paso fue simplemente limpiar mi casa de ídolos; específicamente, mi consumo de drogas.

Los líderes de la iglesia primitiva dijeron, básicamente: "Escuchen, estas personas son salvas por gracia. No les carguemos de reglas. Hagámoslo simple para que comiencen. Nada de ídolos, ¿de acuerdo? Ni fornicación, ¿está bien? Tampoco sacrificios de animales ahogados, ¿está bien? Y, ah sí, ¡que tampoco beban sangre!".

> **Nuestra obediencia a Dios no es para ganar el favor o la salvación, sino por nuestro propio bien.**

A medida que vamos creciendo en nuestro caminar cristiano, pronto aprendemos que hay mucho en la Palabra de Dios que no nos *salva*, pero al ser obedientes, recibimos una gran bendición sobre nuestras vidas. Las Escrituras nos dicen:

> *Hijos, obedeced en el Señor a vuestros padres, porque esto es justo…*
> *para que te vaya bien, y seas de larga vida sobre la tierra.*
>
> (Efesios 6:1, 3)

De igual forma, nuestra obediencia a Dios no es para ganar el favor o la salvación, sino por nuestro propio bien. Por ejemplo, diezmar, o devolverle a Dios económicamente, no me salva, pero al hacerlo recibo una riqueza de bendiciones que sobrepasa cualquier cosa que pueda darle.

La iglesia primitiva también lo sabía. La Torá, la ley de Moisés, se enseñaba en todas las sinagogas o cada Shabat. Aquellos antiguos gentiles que ahora habían sido injertados en el olivo—Israel—iban a estar en la sinagoga cada Shabat. Crecerían en su conocimiento de Dios al oír la lectura de la Torá. Al igual que los nuevos cristianos de hoy, cuando la Palabra de Dios comenzaba a entrar en sus corazones, pronto descubrieron que estaban mejor capacitados para cosechar los beneficios y bendiciones de la obediencia.

Ninguna pared de separación

Aquí, por tanto, está la gran revelación: la iglesia y la sinagoga no habían de separarse; debieron haber permanecido siempre juntas. Ante los ojos de Dios, los nuevos creyentes que en otro tiempo fueron gentiles ahora eran miembros adoptados de su casa, y se esperaba de ellos que vivieran en comunidad junto con sus hermanos y hermanas judíos para adorar y oír la Palabra. Leamos de nuevo Efesios 2:

> *Porque él es nuestra paz, que de ambos pueblos hizo uno, derribando la pared intermedia de separación, aboliendo en su carne las enemistades, la ley de los mandamientos expresados en ordenanzas, para crear en sí mismo de los dos un solo y nuevo hombre, haciendo la paz, y mediante la cruz reconciliar con Dios a ambos en un solo cuerpo, matando en ella las enemistades.* (Efesios 2:14–16)

No es que eso fuese siempre bien recibido por los judíos en Jerusalén. Cuando, por ejemplo, el apóstol Pablo llevó a creyentes gentiles al templo para la purificación, no salió bien.

> *Entonces Pablo tomó consigo a aquellos hombres, y al día siguiente, habiéndose purificado con ellos, entró en el templo, para anunciar el cumplimiento de los días de la purificación, cuando había de presentarse la ofrenda por cada uno de ellos.* (Hechos 21:26)

Los judíos del templo que fueron testigos de aquello se sintieron ultrajados, diciendo que Pablo había *"profanado este santo lugar"* (versículo 28), lo que produjo su arresto. Así, la visión de Dios de una adoración unificada entre judíos y gentiles se convirtió en algo casi imposible desde el comienzo.

Jesús es *"nuestra paz"*, que ha unido a judíos y a gentiles, derribando la pared intermedia que nos dividía. Recordando que todo lo que Dios hace tiene un lado físico y un lado espiritual, creo que un día no muy lejano Dios reconstruirá su templo físico en Jerusalén. No obstante, hasta que llegue el día, Él está trabajando edificando su templo espiritual en los corazones de su pueblo.

Esto no es diferente del tabernáculo de tiempos de David, que fue un precursor temporal del templo permanente que Salomón construiría. Ese tabernáculo portátil destacaba por dos razones.

En primer lugar, instituyó un nuevo orden de adoración. El rey David reconoció que Israel tenía tendencia a ver los sacrificios de animales como un sustituto de la piedad.

Has aumentado, oh Jehová Dios mío, tus maravillas;...sacrificio y ofrenda no te agrada; has abierto mis oídos; holocausto y expiación no has demandado. Entonces dije: He aquí, vengo; en el rollo del libro está escrito de mí; el hacer tu voluntad, Dios mío, me ha agradado, y tu ley está en medio de mi corazón. (Salmo 40:5–8)

No contento con sólo ofrecer sacrificio de animales, David también instó al pueblo a entregarse a sí mismo—cuerpo, alma y espíritu—en el altar con ofrendas de alabanza, cantando, aplaudiendo, gritando, danzando y con instrumentos.

Pueblos todos, batid las manos; aclamad a Dios con voz de júbilo.... Cantad a Dios, cantad; cantad a nuestro Rey, cantad; porque Dios es el Rey de toda la tierra; cantad con inteligencia. (Salmo 47:1, 6–7)

Señor, abre mis labios, y publicará mi boca tu alabanza. Porque no quieres sacrificio, que yo lo daría; no quieres holocausto. Los sacrificios de Dios son el espíritu quebrantado; al corazón contrito y humillado no despreciarás tú, oh Dios. (Salmo 51:15–17)

En nuestro tabernáculo espiritual, por tanto, ya no existe la necesidad de ofrecer sacrificios, porque Jesús ha sido sacrificado por nosotros.

Angustiado él, y afligido, no abrió su boca; como cordero fue llevado al matadero; y como oveja delante de sus trasquiladores, enmudeció, y no abrió su boca.   (Isaías 53:7)

En su lugar, como David, ofrecemos todo nuestro ser a Dios en servicio y adoración. Comprendemos que Dios está más interesado en nuestro corazón que en actividades y rituales vacíos.

En segundo lugar, dentro del tabernáculo físico había una barrera entre Dios y el hombre. Sólo el sumo sacerdote podía entrar por la cortina del Lugar Santísimo para presentarse ante Dios, y solamente un día al año: el Día de la expiación. En el momento en que Jesús murió, sin embargo, esa cortina se rasgó por la mitad de arriba abajo.

Y he aquí, el velo del templo se rasgó en dos, de arriba abajo; y la tierra tembló, y las rocas se partieron.   (Mateo 27:51)

En las epístolas, el autor de Hebreos enseñó a la iglesia primitiva que ya no necesitaban un sumo sacerdote como intermediario para ofrecer sacrificios ante Dios por el pueblo.

Por tanto, teniendo un gran sumo sacerdote que traspasó los cielos, Jesús el Hijo de Dios, retengamos nuestra profesión. Porque no tenemos un sumo sacerdote que no pueda compadecerse de nuestras debilidades, sino uno que fue tentado en todo según nuestra semejanza, pero sin pecado. Acerquémonos, pues, confiadamente al trono de la gracia, para alcanzar misericordia y hallar gracia para el oportuno socorro.
                                                                 (Hebreos 4:14–16)

Ellos ya tenían un sumo sacerdote, Jesús, que había ofrecido el sacrificio definitivo: su propia vida. Ahora, por medio de Él, ¡usted y yo tenemos acceso directo al poder y al trono de Dios!

Ahora, podemos ver claramente que nuestro *tabernáculo espiritual* tiene construido dos terceras partes. El sacrificio ha sido pagado. La barrera ha sido derribada, y podemos entrar confiadamente en la presencia del poder de Dios. Sólo queda una cosa. Volvamos a leer Efesios 2:14: "*Porque él es nuestra paz, que de ambos pueblos hizo uno, derribando la pared intermedia de separación*".

Tenemos que reconocer que Jesús derribó la pared entre judío y gentil. Desgraciadamente, parece que hemos estado intentando con mucho esfuerzo reconstruirla desde entonces. ¡Qué tragedia! Cómo debe dañar esto el corazón de Dios, especialmente cuando su objetivo parece ser la reunificación:

Hasta que todos lleguemos a la unidad de la fe y del conocimiento del Hijo de Dios, a un varón perfecto, a la medida de la estatura de la plenitud de Cristo. (Efesios 4:13)

Quizá será en el transcurso de nuestras vidas cuando Dios llamará a su pueblo a derribar la pared de división que separa a Israel y la iglesia gentil. ¡Es ahí donde se pone emocionante! Puede que usted esté pensando: *¿Cómo ocurrirá esto, y cómo puedo yo ser parte de esta gran profecía de los últimos tiempos?*

Cuando añadamos a nuestra fe conocimiento (un entendimiento de la Torá judía), y los judíos añadan a su conocimiento fe (la creencia en Jesús como el Mesías), entonces nos convertiremos en ese hombre nuevo, perfecto y completo. Juntos, veremos la plenitud de Cristo en nuestras vidas, y el templo de Dios se completará.

Esta es la clave para el gran derramamiento final del poder de Dios. Comencemos con nosotros. Seamos nosotros, como cristianos, los que comencemos a hacer fluir la unción. Comencemos a derribar lo que nos separa añadiendo a *nuestra* fe *su* conocimiento.

3

La gracia y la ley:
La flecha que señala a Jesús

C omo descubrimos en el último capítulo, para ser edificados juntos como habitación de Dios—el templo de Dios—, nuestro fundamento debe estar compuesto tanto de los profetas (el Antiguo
Testamento) como de los apóstoles (el Nuevo Testamento). Es muy importante que entendamos este concepto. Para que podamos entender las enseñanzas de Jesús, Pablo, Pedro, Santiago o cualquiera de los apóstoles del
Nuevo Testamento, primero tenemos que entender a Abraham, Moisés,
David, Isaías y el resto de los profetas del Antiguo Testamento.

Podríamos decir que cuanto más se fortalece nuestra fe cristiana, deberíamos vernos como más judíos. El Dr. Richard Booker escribió:

> La Biblia es un libro hebreo, que relata la historia del pueblo he-
> breo. Jesús era un Señor hebreo. Nosotros, por otro lado, somos
> gente occidental que comparte una herencia muy diversa y a ve-
> ces controvertida y que proviene de muchas fuentes. Si queremos
> entender la Biblia hoy día, debemos desarrollar "ojos hebreos" y
> "actitudes hebreas" hacia la vida.[1]

El autor y rabino Stuart E. Rosenberg concuerda, "Cuanto más fuerte
es la fe cristiana de un hombre, más judío se considera".[2] El teólogo sui-
zo Karl Barth escribió: "La Biblia…es un libro hebreo. No se puede leer,

---

[1] Dr. Richard Booker, "Why Should Christians Learn about Jews and Jewish Traditions?" del Instituto
de estudios hebreo-cristianos, 1998, http://www.haydid.org/update714a.htm.
[2] Stuart E. Rosenberg, *The Christian Problem: A Jewish View* (New York: Hippocrene Books, 1986),
222–223.

entender y exponer a menos que estemos preparados para hacernos judíos con los judíos".[3] En 1938, el papa Pío XI realizó una encíclica contra el racismo en la que escribió: "Espiritualmente todos somos semitas".

Nuestra Biblia *no* está compuesta de dos pactos o testamentos diferentes, sino de uno.

Eso está en línea con lo que Dios me dijo en Israel hace más de una década: "Larry, voy a abrir tus ojos, y comenzarás a leer mis palabras, no a través de los ojos de un Jesús *gentil*, sino a través de los ojos de un Jesús *judío*".

Lo crea o no, nuestra Biblia *no* está compuesta de dos pactos o testamentos diferentes, sino de uno. Vea lo que Jesús nos enseñó en Mateo 26:28:

> *Porque esto es mi sangre del nuevo pacto, que por muchos es derramada para remisión de los pecados.*

Aquí, la palabra *nuevo* no significa "diferente"; significa "fresco". En este momento se preguntará: *¿No dice la Biblia que tenemos un mejor pacto?* (Vea Hebreos 7:22; 8:6). Sí, es mejor, pero no es diferente. El primer pacto le fue dado a Moisés y escrito en piedra.

> *Entonces Jehová dijo a Moisés: Sube a mí al monte, y espera allá, y te daré tablas de piedra, y la ley, y mandamientos que he escrito para enseñarles.* (Éxodo 24:12)

> *Y dio a Moisés, cuando acabó de hablar con él en el monte de Sinaí, dos tablas del testimonio, tablas de piedra escritas con el dedo de Dios.* (Éxodo 31:18)

El Nuevo Testamento fue un pacto nuevo—un pacto fresco—escrito en nuestros corazones gracias a Jesucristo. No diferente; pero definitivamente mejor.

> *Este es el pacto que haré con ellos después de aquellos días, dice el Señor: Pondré mis leyes en sus corazones, y en sus mentes las escribiré.* (Hebreos 10:16)

---

[3] Karl Barth, *Church Dogmatics*, trans. por Geoffrey W. Bromiley et al. (Edinburgh: T. & T. Clark, 1956), 511.

La ley: ¿Maldición o bendición?

Uno de los conceptos más debatidos y confusos del cristianismo gira en torno al tema de la gracia de Dios y sus preceptos, lo que podríamos llamar "la ley". A primera vista, incluso a las Escrituras parece que les cuesta desarrollar este asunto. Por ejemplo, en este pasaje, el apóstol Pablo hizo que la ley pareciera bastante desalentadora:

> *Pero sabemos que todo lo que la ley dice, lo dice a los que están bajo la ley, para que toda boca se cierre y todo el mundo quede bajo el juicio de Dios; ya que por las obras de la ley ningún ser humano será justificado delante de él; porque por medio de la ley es el conocimiento del pecado. La justicia es por medio de la fe Pero ahora, aparte de la ley, se ha manifestado la justicia de Dios…por medio de la fe en Jesucristo, para todos los que creen en él.* (Romanos 3:19–22)

Según Pablo, nuestra justicia es aparte de la ley. Después, sólo unos pocos versículos más adelante, declaró:

> *¿Luego por la fe invalidamos la ley? En ninguna manera, sino que confirmamos la ley.* (versículo 31)

Así, somos justos aparte de la ley, pero también tenemos que *"establecer la ley"*. Pablo estaba haciendo la pregunta: *"¿Queda ahora la ley obsoleta porque somos salvos por gracia?"*. Retóricamente, él respondió su propia pregunta: *"En ninguna manera, sino que…"*.

Más adelante en Romanos, Pablo discute cómo tenemos que lidiar con la tentación y si respondemos o no a la ley:

> *No reine, pues, el pecado en vuestro cuerpo mortal, de modo que lo obedezcáis en sus concupiscencias; ni tampoco presentéis vuestros miembros al pecado como instrumentos de iniquidad, sino presentaos vosotros mismos a Dios como vivos de entre los muertos, y vuestros miembros a Dios como instrumentos de justicia. Porque el pecado no se enseñoreará de vosotros; pues no estáis bajo la ley, sino bajo la gracia. Siervos de la justicia ¿Qué, pues? ¿Pecaremos, porque no estamos bajo la ley, sino bajo la gracia? De ninguna manera.* (Romanos 6:12–15)

De nuevo, Pablo pregunta y responde a su propia pregunta. En primer lugar, insta a los lectores a no dejar que el pecado reine sobre sus cuerpos, sino, por el contrario, a presentarse como instrumentos de justicia. Luego sigue diciendo que el pecado no tiene poder sobre nosotros como cristianos, porque no estamos *"bajo la ley sino bajo la gracia"*. Después, Pablo habla sobre el "elefante en la sala" haciendo una pregunta crucial: "¿Es permisible el pecado ya que `no estamos bajo la ley sino bajo la gracia'?". Después de todo, si somos salvos por gracia y no por obras, ¿no nos da esa gracia la libertad de vivir sin barreras, sin obligación hacia Dios y su ley? *"En ninguna manera"*, concluyó Pablo.

Bajo la maldición

Esto puede parecerle algo así como ir caminando en círculos. Si algo está claro, es que estamos bajo la gracia, pero todavía tenemos que lidiar con la ley de Dios. Comencemos, por tanto, a establecer una sana relación entre la gracia y la ley.

> *Pero cuando vino el cumplimiento del tiempo, Dios envió a su Hijo, nacido de mujer y nacido bajo la ley, para que redimiese a los que estaban bajo la ley, a fin de que recibiésemos la adopción de hijos.*
> (Gálatas 4:4–5)

Pablo dijo que Jesús redimió a los que estaban—aquí aparece de nuevo—*"bajo la ley"*. ¿Por qué? Él los redimió para que pudieran ser adoptados, injertados, como hijos de Dios.

> *Porque todos los que dependen de las obras de la ley están **bajo maldición**, pues escrito está: Maldito todo aquel que no permaneciere en todas las cosas escritas en el libro de la ley, para hacerlas. Y que por la ley ninguno se justifica para con Dios, es evidente, porque: El justo por la fe vivirá…Cristo nos redimió de la maldición de la ley, hecho por nosotros maldición.*
> (Gálatas 3:10–11, 13, énfasis añadido)

Aquí, de nuevo Pablo dio a entender que la ley es una maldición. Luego, en Romanos, parece que da un cambio radical de postura:

De manera que la ley a la verdad es santa, y el mandamiento santo,
justo y bueno. (Romanos 7:12)

Por un lado, somos salvos por gracia, y no estamos bajo la maldición de
la ley; por otro lado, la ley es *"santa, y justa y buena"*. ¿Era Pablo esquizofrénico? Claro que no. Permítame explicarlo.

El apóstol Pablo fue el único escritor en toda la Biblia que usó el término *"bajo la ley"*. También fue el único en referirse a la ley como una maldición. Estas frases son *modismos*. Un modismo normalmente no significa
exactamente lo que dice a primera vista. Un par de ejemplos actuales serían:
"Se le cayó el mundo encima" o "ese señor perdió los papeles". Estas son expresiones, pero físicamente el *mundo* no se cayó, ni los *papeles* existen.

Torá contra Nomos

Obviamente, no todo el que obedecía los mandamientos de Dios estaba
"bajo la maldición de la ley". Jesús obedecía las leyes de Dios, al igual que el
mismo Pablo. Ciertamente, ellos no fueron malditos. En hebreo, la palabra
para ley es *torá*, que significa "enseñar", denotando un mapa o camino para
el aprendizaje. En este contexto, *"la ley"* no tenía tanto que ver con reglas
y comportamiento sino más con una relación de
mentoría como hijos de Dios. En griego, la palabra
para ley es *nomos*. En el contexto griego, la ley tiene
que ver más con el legalismo, lo que hacer y lo que
no para alcanzar favor o desaprobación.

¿Somos salvos por gracia? La respuesta es sí,
¡sin duda alguna! Sin ninguna sombra de duda, es
por fe que somos salvos, y no por obras.

> **Sin ninguna sombra de duda, es por fe que somos salvos, y no por obras.**

Porque por gracia sois salvos por medio de la fe; y esto no de vosotros,
pues es don de Dios; no por obras, para que nadie se gloríe.
(Efesios 2:8–9)

No hay ninguna lista de comportamientos—*nomos*—por la que podamos vencer nuestros propios pecados y hacer que seamos aceptados
ante un Dios santo. Somos salvos sólo por la fe en Jesucristo como Señor y

Salvador. Dicho esto, no significa que no podamos ser enseñados por la ley de Dios: *Torá*. Ahora que he sido perdonado, nacido de nuevo, lavado con su sangre, injertado en su familia, y hecho heredero de su pacto, ¿está bien que yo robe? ¿Puedo comenzar a adorar ídolos? La respuesta de Pablo fue, en efecto: "¡De ninguna manera!".

¿Por qué se refirió entonces a la ley como *"una maldición"*? La respuesta: la maldición no son las enseñanzas de Dios, sino lo que el hombre hace con ellas. Permítame ponerle un ejemplo. ¿Debería diezmar un cristiano? Claro que debería. ¿Por qué? Porque retenerlo es robarle a Dios y cerrar la ventana de las bendiciones de Dios desde el cielo.

> *¿Robará el hombre a Dios? Pues vosotros me habéis robado. Y dijisteis: ¿En qué te hemos robado? En vuestros diezmos y ofrendas. Malditos sois con maldición, porque vosotros, la nación toda, me habéis robado. Traed todos los diezmos al alfolí y haya alimento en mi casa; y probadme ahora en esto, dice Jehová de los ejércitos, si no os abriré las ventanas de los cielos, y derramaré sobre vosotros bendición hasta que sobreabunde.* (Malaquías 3:8–10)

¿Acaso diezmar nos hace salvos? No. Dios, por tanto, nos dio la ley— una *Torá* o enseñanza—no para darnos una manera de ganar nuestra salvación, sino para darnos un camino para conectar nuestras vidas con la prosperidad de Dios. Cuando un hombre, judío o gentil, toma las enseñanzas de Dios—*Torá*—y las convierte en legalismo—*nomos*—, entonces se vuelven maldición.

Cuando fui salvo al pedirle por primera vez a Jesús que entrara en mi corazón, me enseñaron que, por un lado, yo era salvo por gracia; pero, por otro lado, me dejaron muy claro que, si no diezmaba, *realmente* no era salvo. Más adelante aprendí que eso no era correcto, no me habían enseñado bien. La enseñanza de Dios sobre el diezmo, pensado para mi propio beneficio y bendición, había sido convertida en la atadura del legalismo religioso. En Mateo 23, Jesús reprendió este tipo de pensamiento:

> *¡Ay de vosotros, escribas y fariseos, hipócritas! porque sois semejantes a sepulcros blanqueados, que por fuera, a la verdad, se muestran hermosos, mas por dentro están llenos de huesos de muertos y de toda*

inmundicia. Así también vosotros por fuera, a la verdad, os mostráis justos a los hombres, pero por dentro estáis llenos de hipocresía e iniquidad.　　　　　　　　　　　　　　(Mateo 23:27–28)

Jesús básicamente les dijo: "Ustedes están haciendo todo lo correcto externamente, pero por dentro están llenos de *'hipocresía e iniquidad'*". Ellos estaban cumpliendo las leyes de Dios lo mejor que podían, y a su vez, ante los ojos de Dios eran considerados rebeldes. ¿Cómo es posible?

Religión contra Revelación

¿Qué nos enseña la Torá? ¿Cómo nos puede guiar por el camino? Jesús nos dijo en el capítulo previo:

Maestro, ¿cuál es el gran mandamiento en la ley? Jesús le dijo: Amarás al Señor tu Dios con todo tu corazón, y con toda tu alma, y con toda tu mente. Este es el primero y grande mandamiento. Y el segundo es semejante: Amarás a tu prójimo como a ti mismo. De estos dos mandamientos depende toda la ley y los profetas.　　(Mateo 22:36–40)

En este pasaje, había llegado un fariseo para ver si Jesús estaba enseñando algo nuevo y diferente de la Torá. Para probar a Jesús, le preguntó: "¿Cuál es el mayor mandamiento de todos los de la ley?". Jesús le respondió diciéndole que amara a Dios con todo su corazón, con toda su alma y con toda su mente; pero no se detuvo ahí, sino que siguió diciendo que había otro mandamiento de igual importancia: amar al prójimo como a uno mismo. Jesús terminó diciendo que estos dos mandamientos resumían todo lo que está escrito en la Torá y lo que habían enseñado los profetas. Cada ley, cada parábola, y cada profecía conduce a dos cosas: amar a Dios y amar al prójimo.

¿Entonces por qué Jesús más adelante reprendió a los fariseos llamándolos *"sepulcros blanqueados"*? Lo hizo porque seguir la letra de la ley no les había enseñado a esos hombres nada sobre amar a Dios o amar a su prójimo. Era meramente un ejercicio religioso, y en su estricto legalismo, su orgullo les había llevado a usar la ley para rechazar, condenar e incluso odiar a otros. Ese no era el propósito de Dios para su pueblo; era simplemente la religión del hombre.

Viviendo la Torá

Hace unos años, mi esposa Tiz y yo llevamos a un grupo en uno de nuestros muchos viajes a Israel. Todos tuvimos un día libre de turismo para poder hacer algunas compras en Jerusalén. Unos días después, me dijeron que un ortodoxo judío había escupido a Tiz ese día. Cuando me lo dijeron, ya habíamos viajado hasta el mar de Galilea en Tiberias. Nuestro grupo de viaje sabía que si yo hubiese sabido aquello en Jerusalén, podría haber perdido los papeles y haber mostrado a aquel hombre un significado totalmente nuevo del término "imposición de manos". Debido al cabello corto y rubio de Tiz y su aspecto moderno occidental, aquel hombre le escupió. Como buen judío ortodoxo devoto, él vestía sólo de negro, llevaba un *talit* —o manto de oración—, y no se había afeitado los lados de su barba. Estoy seguro de que cumplía fielmente el Shabat, así como muchas otras tradiciones judías. En sus actos hacia Tiz, sin embargo, ese hombre no mostró amor por Dios. Su comportamiento fue exactamente el tipo de conducta de la que Jesús estaba hablando. El propósito de la Torá no es hacernos robots religiosos, legalistas e intolerantes por fuera. Cuanto eso ocurre, Pablo dijo que estamos *"bajo la maldición de la ley"*.

En comparación, más tarde conocimos a dos hombres judíos maravillosos en Venecia, Italia. Esos dos hombres eran casi idénticos en aspecto al hombre que se encontró Tiz en Jerusalén. Afortunadamente, sus corazones eran muy diferentes. Estábamos en el histórico gueto judío de Venecia, el lugar donde se originó la palabra *gueto*. Yo estaba esperando a Tiz fuera de una tienda cuando esos dos hombres se acercaron y comenzaron a hablar conmigo. Me preguntaron sobre mi vida de oración y querían saber si había orado ese día. Cuando les dije que sí, me preguntaron: "¿Y ha orado usted con *tefillin*?". Esa es la práctica hebrea de enrollar una cajita de piel alrededor del brazo y otra alrededor de la cabeza cuando oran. Esos hombres me mostraron Deuteronomio 6, donde Dios enseñó a su pueblo a orar de esta forma.

Yo les dije: "Si pueden decirme por qué ustedes hacen esto, no sólo como un ritual o legalismo sino con su verdadero significado, entonces yo oraré con ustedes". Ellos sonrieron y dijeron: "Primero, nos hace detenernos y nos recuerda que pensemos: *Voy a hablar con el Dios todopoderoso. Él me ha invitado a hablar con Él. Dejará todo lo que está haciendo, no sólo para escucharme, sino también para hablarme en mi corazón. Por lo tanto, en lugar* de estar tan ocupado, tengo que detenerme. *Dios, mi Padre celestial, quiere pasar tiempo conmigo.* Luego, nos recuerda que hay otros que no conocen a Dios, que no saben que Él los ama y que también quiere hablar con ellos. No puedo conformarme con que sólo yo hable con Él; también debo decírselo a otros".

No es necesario decir que oramos juntos ese día en Venecia. Les dije que yo era un pastor cristiano, y eso no les importó. Tuvimos una discusión maravillosa basada en el respeto mutuo y un mayor entendimiento. Al tomar el tiempo para amarnos y orar unos por otros, también estábamos amando a Dios. Fue un gran contraste con el asalto airado que experimentó Tiz en Jerusalén. Ese día, la pared entre judío y gentil fue reducida un poco más.

> **No puedo conformarme con que sólo yo hable con Él; también debo decírselo a otros.**

La oración a la que esos dos hombres se referían se llama el *Shemá* en hebreo, y se encuentra en Deuteronomio 6:

> *Oye, Israel: Jehová nuestro Dios, Jehová uno es. Y amarás a Jehová tu Dios de todo tu corazón, y de toda tu alma, y con todas tus fuerzas. Y estas palabras que yo te mando hoy, estarán sobre tu corazón; y las repetirás a tus hijos, y hablarás de ellas estando en tu casa, y andando por el camino, y al acostarte, y cuando te levantes. Y las atarás como una señal en tu mano, y estarán como frontales entre tus ojos; y las escribirás en los postes de tu casa, y en tus puertas.* (versículos 4–9)

Un judío cumplidor tiene que orar dos veces al día: "Oye, Israel: Jehová nuestro Dios, Jehová uno es. Y amarás a Jehová tu Dios de todo tu corazón, y de toda tu alma, y con todas tus fuerzas". Esto es muy importante para el pueblo judío, y es realmente la fuente de la mayoría de malentendidos entre judíos y cristianos.

Recientemente, me encontraba en un avión con Matt y Laurie Crouch, del canal TBN. Ellos habían entrevistado a rabinos en televisión y entraron en asuntos de fe. Dijeron: "Esos rabinos tienen compañerismo con nosotros, pero realmente no nos están escuchando. ¿Cómo podemos hacer que esos rabinos nos escuchen?".

Yo les ofrecí un consejo: no oren a Jesús. Puede que esto suene absurdo al principio, pero recordemos lo que dijo Jesús:

En aquel día no me preguntaréis nada. De cierto, de cierto os digo, que todo cuanto pidiereis al Padre en mi nombre, os lo dará. (Juan 16:23)

En otras palabras, Jesús estaba diciendo: "No me oren a mí. Yo pagaré el precio para que ustedes puedan ir confiadamente ante el Padre". Jesús incluso nos enseñó exactamente cómo orar:

Y les dijo: Cuando oréis, decid: Padre nuestro que estás en los cielos... (Lucas 11:2)

Esto es muy importante cuando tratamos con judíos, cuya fe al completo está basada en la oración Shemá: "Oye Israel: Jehová nuestro Dios, Jehová uno es". Jesús es nuestro Mesías y el Hijo de Dios. Él es nuestro Salvador, el Cordero pascual que pagó el precio para que el Lugar Santísimo se abriera y pudiéramos entrar directamente al trono de Dios.

El Shemá es a lo que Jesús se estaba refiriendo en Mateo 22.

Y uno de ellos, intérprete de la ley, preguntó por tentarle, diciendo: Maestro, ¿cuál es el gran mandamiento en la ley? Jesús le dijo: Amarás al Señor tu Dios con todo tu corazón, y con toda tu alma, y con toda tu mente. Este es el primero y grande mandamiento. (versículos 35–38)

No obstante, recuerde que Jesús añadió un segundo mandamiento de igual importancia. "*Y el segundo es semejante: Amarás a tu prójimo como a ti mismo. De estos dos mandamientos depende toda la ley y los profetas*" (versículos 39–40). Ama a Dios, sí, pero ama también a tu prójimo.

Y en esto sabemos que nosotros le conocemos, si guardamos sus mandamientos. El que dice: Yo le conozco, y no guarda sus mandamientos, el tal es mentiroso, y la verdad no está en él. (1 Juan 2:3–4)

¿Cuáles son *"sus mandamientos?"* Según Jesús, todo se reduce a amar a Dios y amar al prójimo como a uno mismo.

Nadie ha visto jamás a Dios. Si nos amamos unos a otros, Dios permanece en nosotros, y su amor se ha perfeccionado en nosotros. (1 Juan 4:12)

Si nos amamos unos a otros, eso le muestra al mundo que no somos tan sólo religiosos sino que también el amor de Dios vive dentro de nosotros. Su amor, sus enseñanzas, su Torá, su camino y su ley han sido *"perfeccionados en nosotros"*.

> *Si alguno dice: Yo amo a Dios, y aborrece a su hermano, es mentiroso.*
> *Pues el que no ama a su hermano a quien ha visto, ¿cómo puede amar*
> *a Dios a quien no ha visto? Y nosotros tenemos este mandamiento de*
> *él: El que ama a Dios, ame también a su hermano.* (1 Juan 4:20–21)

Ahora dígame, de esas dos experiencias—el hombre en Jerusalén y los dos hombres en Venecia—, ¿quién tenía religión y quien tenía la revelación de Dios? ¿Quién estaba *"bajo la maldición de la ley"* y quién estaba viviendo el amor a Dios y el amor al prójimo de la Torá, aun cuando ese prójimo era un pastor cristiano del otro extremo del mundo? ¿Quién tenía legalismo? ¿Quién tenía libertad?

Jesús vino a enseñarnos a caminar en el camino de Dios.

> *No penséis que he venido para abrogar la ley o los profetas; no he veni-*
> *do para abrogar, sino para cumplir.*   (Mateo 5:17)

Torá, como hemos aprendido, significa "maestro, guiar, camino", pero también se refiere a los cinco libros de la Biblia: Génesis, Éxodo, Levítico, Números y Deuteronomio. Jesús dijo, de hecho: "Yo no he venido para destruir los cinco libros de Moisés o los profetas y todo lo que enseñaron, sino para enseñar, cumplir y capacitarles, a través del Espíritu Santo, para que puedan caminar en la Torá".

> *Así alumbre vuestra luz delante de los hombres, para que vean vuestras*
> *buenas obras, y glorifiquen a vuestro Padre que está en los cielos.*
> (versículo 16)

¿Cómo alumbra nuestra luz? ¿Alumbra siendo religiosos y legalistas? ¿O alumbra viviendo la Torá mediante amar a Dios y amarnos unos a otros? La única manera de llevar luz a la oscuridad es dejar que el mundo vea su vida y, como consecuencia, glorifique a su Padre que está en los cielos. Jesús no vino a evitar que cumpliésemos la Torá sino a ponernos de nuevo en el camino de la Torá, donde nos convertimos en rayos de luz en un mundo en oscuridad.

Los diez mitzvás

En hebreo, la palabra para *mandamiento* es *mitzvá*. En el judaísmo, hay 613 mitzvás. Todos esos mitzvás están englobados en los Diez Mandamientos. Hoy día, parece haber un intento concertado para quitar todas las representaciones públicas de los Diez Mandamientos de las escuelas, palacios de justicia y hasta el capitolio de nuestra nación.

Tomemos un breve curso de refresco sobre los Diez Mandamientos que Dios le dio a Moisés en el monte Sinaí, como se relata en Éxodo 20:

1. No tendrás dioses ajenos delante de Él.

2. No te harás imagen, ni ninguna semejanza: un ídolo.

3. No tomarás el nombre del Señor en vano.

4. Acuérdate del día de reposo para santificarlo.

5. Honra a tu padre y a tu madre.

6. No matarás.

7. No cometerás adulterio.

8. No hurtarás.

9. No hablarás contra tu prójimo falso testimonio.

10. No codiciarás la casa de tu prójimo ni nada que sea de tu prójimo.

Estos Diez Mandamientos están englobados en los dos mandamientos (mitzvás) que Jesús nos dio en Mateo 22:

> *Jesús le dijo: Amarás al Señor tu Dios con todo tu corazón, y con toda tu alma, y con toda tu mente. Este es el primero y grande mandamiento. Y el segundo es semejante: Amarás a tu prójimo como a ti mismo. De estos dos mandamientos depende toda la ley y los profetas.*
>
> (Mateo 22:37–40)

Cuando vemos los Diez Mandamientos como una lista, es fácil ver dónde están divididos en las mismas dos categorías a las que Jesús se refería. Los cuatro primeros mandamientos tratan sobre el hombre amando a Dios. Los seis últimos tratan sobre el hombre amando a su prójimo.

¿Ha aceptado usted a Jesucristo como su Señor y Salvador?

¿Sí? Bien.

¿Significa eso que, como es salvo por gracia, no tiene que seguir estos Diez Mandamientos? ¿Significa que Jesús puso fin a esas enseñanzas? ¿O significa lo que Jesús dijo, de hecho, en Mateo 5: "Yo no he venido para destruir estos caminos de bendición, sino para mostrarles cómo caminar en este camino"?

Afortunadamente para nosotros, los 613 mitzvás han sido condensados en estos dos mitzvás: amar a Dios, y amar a otros como a uno mismo. ¡Qué simple! ¡Qué maravilloso!

Desearía ser un hombre perfecto, un cristiano perfecto, un marido perfecto y un padre perfecto, pero no lo soy. Aunque soy salvo por gracia y no por nada que yo haya hecho o que pueda hacer nunca, todavía necesito la misericordia de Dios y su Palabra para no perderme. ¿Deberíamos olvidarnos de la Torá de Dios? En ninguna manera. ¡Su Palabra nos mantiene en el camino!

La ley indica el camino

Volvamos a los argumentos de Pablo sobre el asunto de la fe y las obras, la gracia y la ley.

> *Porque el fin de la ley es Cristo, para justicia a todo aquel que cree.*
> *Porque de la justicia que es por la ley Moisés escribe así: El hombre que*
> *haga estas cosas, vivirá por ellas.* (Romanos 10:4–5)

Pablo dejó claro que Jesús es *"el fin de la ley"*. Aquí, *fin* no significa "terminado", no puede ser así. A fin de cuentas, como acabo de decir, la ley no ha pasado. Lo que Pablo está diciendo es que todas las leyes de Dios—la Torá—han *puesto de manifiesto* nuestra necesidad de Jesús, nuestro Salvador y Mesías, y nuestra necesidad de la maravillosa gracia salvadora de Dios. Me gusta decir que deberíamos pensar en la palabra *fin* en este versículo no como una línea de meta sino como el final, o la punta de una flecha. En este caso, la Torá se convierte en la flecha que nos señala a Jesús. Por eso Jesús dijo: *"Porque si creyeseis a Moisés, me creeríais a mí, porque de mí escribió él"* (Juan 5:46).

Mitzvás y Tzedakás

En Romanos, Pablo dijo que Moisés escribió sobre la justicia de la ley: la Torá, la enseñanza, el camino. En este caso, *justicia* no se refiere a comportamiento; no quiere decir: "Yo no fumo, maldigo, murmuro o salgo con quienes lo hacen". No significa seguir una lista de reglas rígida y legalista. En hebreo, la palabra *justicia* es *tzedaká*, y significa "caridad, justicia, imparcialidad". Los Diez Mandamientos reflejan con precisión tanto el lado espiritual como el terrenal de Dios: amarlo a Él y amar a nuestro prójimo. La justicia también tiene dos lados: *mitzvás*, amar y servir a Dios; y *tzedaká*, actos de bondad, amor y caridad hacia nuestro prójimo.

Moisés escribió que el hombre que hace estas cosas vivirá por ellas. (Ver Levítico 18:5). Como cristiano, yo siempre he oído: "Si vas a cumplir cualquier parte de la ley, tienes que cumplir toda la ley". Eso no es lo que Pablo dijo. Si usted observa la ley—*nomos*—para salvarse, entonces sí, debe cumplir toda la ley. Eso se llama "vivir bajo la ley", lo cual es una maldición; pero la Torá que es "el camino" nos conducirá a la sangre redentora que Jesús derramó. El hombre que hace actos de caridad y bondad por su prójimo encontrará vida. Cada enseñanza y ley que Dios nos da no es sólo para amarle a Él, sino también para seguir su mitzvá amando a nuestro prójimo con tzedaká.

> **El hombre que hace actos de caridad y bondad por su prójimo encontrará vida.**

En el monte

Cuando Moisés recibió las diez mitzvás de Dios, tuvo que subir a una montaña. De igual forma, cuando Jesús predicó su gran sermón, lo hizo en una montaña. Su Sermón del Monte incluye algunas de las porciones más conocidas de las Escrituras. Sin embargo, cuando se ven a través de unos ojos judíos, sus palabras parecen cambiar de una lección de escuela dominical a algo mucho más poderoso.

Vosotros sois la sal de la tierra; pero si la sal se desvaneciere, ¿con qué será salada? No sirve más para nada, sino para ser echada fuera y hollada por los hombres. Vosotros sois la luz del mundo; una ciudad asentada sobre un monte no se puede esconder. Ni se enciende una luz y se pone debajo de un almud, sino sobre el candelero, y alumbra a todos los que están en casa. Así alumbre vuestra luz delante de los hombres, para que vean vuestras buenas obras, y glorifiquen a vuestro Padre que está en los cielos. No penséis que he venido para abrogar la ley o los profetas; no he venido para abrogar, sino para cumplir. Porque de cierto os digo que hasta que pasen el cielo y la tierra, ni una jota ni una tilde pasará de la ley, hasta que todo se haya cumplido. De manera que cualquiera que quebrante uno de estos mandamientos muy pequeños, y así enseñe a los hombres, muy pequeño será llamado en el reino de los cielos; mas cualquiera que los haga y los enseñe, éste será llamado grande en el reino de los cielos. Porque os digo que si vuestra justicia no fuere mayor que la de los escribas y fariseos, no entraréis en el reino de los cielos. (Mateo 5:13–20)

Jesús explicó que sus seguidores judíos habían de ser luces en un mundo oscuro, donde debían brillar como ejemplos. Según Jesús, cuando el mundo viera sus buenas obras—sus mitzvás—, bendeciría a las demás naciones y los conectaría con el reino de Dios. Jesús dejó muy claro que Él no vino para destruir eso, sino para volver a colocar a sus seguidores en este camino. Sus actos de caridad—sus tzedakás—servirían para enseñar a otros a ser luces también, y todos serían llamados grandes en el reino de los cielos. La justicia de los judíos—sus mitzvás y tzedakás—debería rebasar la falsa justicia demostrada por los vanamente religiosos que sólo sabían condenar, juzgar y dividir. Para el mundo, la diferencia era obvia.

Jesús siguió con su enseñanza:

Por tanto os digo: No os afanéis por vuestra vida, qué habéis de comer o qué habéis de beber; ni por vuestro cuerpo, qué habéis de vestir. ¿No es la vida más que el alimento, y el cuerpo más que el vestido? Mirad las aves del cielo, que no siembran, ni siegan, ni recogen en graneros; y vuestro Padre celestial las alimenta. ¿No valéis vosotros mucho más que ellas? ¿Y quién de vosotros podrá, por mucho que se afane, añadir a su estatura un codo? Y por el vestido, ¿por qué os afanáis? Considerad los lirios del campo, cómo crecen: no trabajan ni hilan; pero os digo, que ni aun Salomón con toda su gloria se vistió así como uno de ellos. Y si la hierba del campo que hoy es, y mañana se echa en el horno, Dios la viste así, ¿no hará mucho más a vosotros, hombres de poca fe? No os afanéis, pues, diciendo: ¿Qué comeremos, o qué beberemos, o qué vestiremos? Porque los gentiles buscan todas estas cosas; pero vuestro Padre celestial sabe que tenéis necesidad de todas estas cosas.

(Mateo 6:25–32)

En realidad, Jesús dijo: "No se preocupen por su vida, por lo que comerán o cómo vestirán y darán cobijo a su familia. Por esas cosas se preocupan los gentiles". Ahora que hemos sido injertados como parte de la familia de Dios—hijos de la abundancia y herederos de la promesa—, ya tampoco tenemos que preocuparnos por esas cosas.

Mas buscad primeramente el reino de Dios y su justicia, y todas estas cosas os serán añadidas.   (Mateo 6:33)

Buscad primeramente...

Owen vive en Oregon y es uno de mis mejores amigos. Él y un grupo de amigos se reúnen cada domingo y miércoles para hacer un culto con Nuevos Comienzos a través de nuestro canal de radio y televisión en Internet. Ellos adoran y oran con nosotros, y nos envían diezmos y ofrendas. Ellos siguen las enseñanzas sobre las raíces judías, y son parte de nuestra congregación tanto como cualquier otro que entre por nuestras puertas en Dallas.

Durante bastante tiempo, Owen ha estado intentando vender su casa. Desgraciadamente, el mercado inmobiliario en Oregon ha sido sacudido por la caída de la economía, al igual que ha sucedido en muchas otras áreas. Recientemente, mientras veía uno de nuestros servicios en su computadora, Owen sintió que el Señor le estaba instando a donar una ofrenda extra para el ministerio como una semilla de fe para la venta de su casa. Owen obedeció esa guía y envió la ofrenda ese día.

La semana siguiente, Owen estaba orando fijamente y sintió que el Señor le guiaba a visitar su banco en un intento de refinanciar su hipoteca hasta que se vendiera la casa. En el banco, Owen comenzó a contarle al dependiente todo sobre su casa. De repente, el dependiente se emocionó mucho, y dijo: "Ese es exactamente el tipo de casa que he estado buscando, ¿se la puedo comprar?". En dos semanas, Owen cerró la venta de su casa. Luego voló a Dallas para traer un diezmo y una ofrenda de primicias de la venta. Él fue obediente cuando sintió la guía de Dios, y Dios fue fiel en proveer para sus necesidades.

Como hijos de Dios, tenemos que preocuparnos sólo de dos cosas. En primer lugar, en el lado celestial, hemos de priorizar los mitzvás de Dios en nuestras vidas. El Shemá dice: "Oye Israel (eso nos incluye a nosotros): Jehová nuestro Dios, Jehová uno es. Y amarás a Jehová tu Dios de todo tu corazón, y de toda tu alma, y con todas tus fuerzas". En segundo lugar, en el lado terrenal, hemos de buscar su justicia—tzedaká—, sus actos de bondad, caridad y amor hacia nuestro prójimo.

¿Y luego qué? Luego, *"todas estas cosas os serán añadidas"*. ¿Cuáles son todas estas cosas? Incluyen las cosas por las que en otro tiempo nos preocupábamos: comida, abrigo, casa, posesiones y finanzas. Jesús reconoció nuestra necesidad de estas cosas y reconoció que los gentiles se enfocaban en ellas, pero aun así, enfatizó que los hijos de Dios no han de pasar tiempo y esfuerzo intentando obtenerlas. Hemos de vivir con una vigilancia constante en cada oportunidad que tengamos poder ser luz en un mundo oscuro. Si le damos prioridad a Dios y su justicia, Él es fiel para cuidar de nuestras necesidades.

> **Si le damos prioridad a Dios y su justicia, Él es fiel para cuidar de nuestras necesidades.**

Por Jehová son ordenados los pasos del hombre, y él aprueba su camino. Cuando el hombre cayere, no quedará postrado, porque Jehová sostiene su mano. Joven fui, y he envejecido, y no he visto justo desamparado, ni su descendencia que mendigue pan. En todo tiempo tiene misericordia, y presta; y su descendencia es para bendición. (Salmo 37:23–26)

Estos versículos lo dicen todo. Primero, los pasos de un hombre justo son *"ordenados"*—puestos en un camino—para guiarle y enseñarle. Los justos—los que hacen actos de tzedaká, o caridad—no serán olvidados.

Los que muestran misericordia a los demás verán sus semillas—sus hijos y nietos—bendecidas.

Todas estas cosas os serán añadidas

Christine es un miembro de Nuevos Comienzos que ha estado aprendiendo y aplicando las enseñanzas de las raíces judías a su vida durante varios años. Las enseñanzas de la mitzvá y tzedaká han echado verdaderas raíces en su corazón. Aprendió de primera mano que cuando honramos a Dios haciendo actos de caridad y bondad a otros, Dios promete honrarnos y cuidar de nosotros.

Hace varios meses, Christine conoció a una anciana llamada Claire que era minusválida y yacía en cama. Christine inmediatamente sintió que Dios había llevado a Claire a su vida para que ella pudiera demostrar el amor de Dios. Christine comenzó a dar de su tiempo y energías a Claire, y comenzó a formarse un gran amor y amistad entre las dos mujeres. Sus actos de bondad (tzedaká) sirvieron para enriquecer ambas vidas.

Pero ese no es el final de la historia. Recientemente, Claire falleció y se fue con el Señor. Christine lamentó mucho la pérdida de su amiga y la extrañó profundamente. Ella se sintió honrada de haber tenido la oportunidad de ser una bendición en la vida de Claire durante sus últimos días en la tierra. Unos días después, Christine abrió su buzón de correos y descubrió una inesperada sorpresa. Claire había dejado a Christine diez mil dólares en su testamento. Qué maravilloso recordatorio de que cuando ponemos las necesidades de otros antes que las nuestras, Dios promete que suplirá todas nuestras necesidades.

Más que meramente un ritual externo, la Torá nos enseña a vivir como hijos de Dios internamente, en nuestros corazones. Al vivir la Torá, alumbramos una luz en la oscuridad del mundo y señalamos a otros hacia la bondad, la misericordia y el amor de Cristo.

A medida que avanzamos, me gustaría enfocarme no tanto en lo que Dios dice que *no hagamos*, sino más bien en lo que dice que *hagamos*. Hay una impresión errónea de que una vida con Dios está dominada por todas las cosas que se nos prohíbe hacer. ¡Qué mentira! Una vida con Dios está completamente saturada de actividades, aventuras y bendiciones que usted *llega a* experimentar. Desgraciadamente, muchas de las actividades y prácticas que Dios dio a su pueblo como maneras de conectar mejor con Él han sido olvidadas y abandonadas a lo largo de los siglos. Como verá, no son oscuras enseñanzas rabínicas ocultas en el saber judío y las tradiciones orales, sino enseñanzas directas de Dios y mandamientos en nuestro Antiguo Testamento, que los cristianos han desechado, junto con los judíos mismos.

En los capítulos siguientes voy a compartir con usted algunas de las cosas que el Señor me ha enseñado desde aquel increíble primer viaje a Israel. Aprenderá sobre el uso del talit, guardar el Shabat y celebrar las fiestas ordenadas por Dios de la Pascua, Rosh Hashaná, Yom Kipur, Pentecostés y Sucot. Son prácticas que nos han situado a Tiz y a mí—a nuestra familia, nuestra iglesia y nuestro ministerio—en un camino increíble de adoración, servicio, entendimiento y milagrosa bendición.

4

El talit: Sanidad en sus alas

Oíd: He aquí, el sembrador salió a sembrar; y al sembrar, aconteció que una parte cayó junto al camino, y vinieron las aves del cielo y la comieron. Otra parte cayó en pedregales, donde no tenía mucha tierra; y brotó pronto, porque no tenía profundidad de tierra. Pero salido el sol, se quemó; y porque no tenía raíz, se secó. Otra parte cayó entre espinos; y los espinos crecieron y la ahogaron, y no dio fruto. Pero otra parte cayó en buena tierra, y dio fruto, pues brotó y creció, y produjo a treinta, a sesenta, y a ciento por uno. Entonces les dijo: El que tiene oídos para oír, oiga! (Marcos 4:3–9)

Esta es la conocida parábola de la semilla y el sembrador. En ella, Jesús estaba hablando sobre la semilla que cae en varios tipos de terreno. Luego, de repente, en el versículo nueve, dijo: "*¡El que tiene oídos para oír, oiga!*". Obviamente, Jesús no estaba dirigiéndose a personas a quienes les faltasen las orejas. No, estaba hablando a personas que escuchaban las palabras que Él hablaba pero que no tenían capacidad de entender. En realidad estaba diciendo: "El que esté ungido—tocado por Dios y con discernimiento y entendimiento—, que entienda".

¿Puede ver a los apóstoles de pie detrás de Él, asintiendo con la cabeza? Luego, en el siguiente versículo: "*Cuando estuvo solo, los que estaban cerca de él con los doce le preguntaron sobre la parábola*" (versículo 10). Sus propios discípulos no tenían entendimiento, y Jesús les dijo: "*A vosotros os es dado saber el misterio del reino de Dios; mas a los que están fuera, por parábolas todas las cosas*" (versículo 11). En otras palabras: "A ustedes que son nacidos de nuevo, voy a explicarles los misterios del reino de Dios, pero para todos los demás, estas enseñanzas van a ser solamente historias".

Hasta que no leamos y entendamos las Escrituras a través de los ojos de Jesús—los ojos de Yeshúa el Mesías—y recibamos entendimiento del Espíritu Santo—el Espíritu del Dios de Abraham—, el significado de estas enseñanzas seguirá encerrado en una bonita historia. Pidamos a Dios que nos ayude a ir más allá de la historia, hasta el lugar donde es revelado el misterio de la Palabra de Dios.

Si tocare solamente su manto...

La siguiente historia de sanidad se encuentra en tres de los cuatro Evangelios.

> *Pero una mujer que desde hacía doce años padecía de flujo de sangre, y había sufrido mucho de muchos médicos, y gastado todo lo que tenía, y nada había aprovechado, antes le iba peor.*   (Marcos 5:25–26)

Aquí estaba una mujer que sufría de flujo de sangre desde hacía más de doce años. Había gastado todo su dinero visitando a todo doctor y posible sanador, pero no mejoraba. Estaba a punto de intentar algo que demostraría que estaba al borde de la desesperación.

> *Porque decía dentro de sí: Si tocare solamente su manto, seré salva.*
> (Mateo 9:21)

Sin entrar en detalles gráficos, permítame decir que, según la Torá, una mujer que sufría de un flujo de sangre era considerada "inmunda". Le estaba prohibido aparecer en público porque a cualquiera que ella tocase también se le consideraría inmundo. Ciertamente, para una mujer en ese estado tocar a un rabino era algo estrictamente prohibido. Había visitado a todos los doctores y no había encontrado respuesta a su desgracia, pero, de repente, oyó que Jesús estaba de camino. ¡Imagine la desesperación de esta mujer para entrar en un mercado público abarrotado de testigos para poder tocar a ese visitante rabino!

Quizá usted se identifique con esta mujer. Quizá no se siente digno de presentarse ante un Dios santo, pero está desesperado. Lo ha probado todo, pero no consigue prosperar, ni terminar su deuda, ni que sus hijos sirvan a Dios o que su esposo o su esposa vaya a la iglesia. No encuentra alivio de sus ataduras de enfermedad o adicción, está enfermo y cansado de estar enfermo y cansado. Lo ha probado todo, y ha llegado a un punto donde está dispuesto a hacer lo que sea. Está desesperado por encontrar sanidad y bienestar.

Esta mujer pensó: *Si tan solo pudiera tocar el borde de su manto, mis años de sufrimiento y tormento se acabarían.* La palabra para *borde* es *kraspedon*, que significa "una borla de lana retorcida". Esta mujer ni siquiera estaba intentando tocar las ropas de Jesús, sólo la borla de lana que colgaba de los lados de su manto de oración.

El talit

En el Antiguo Testamento hay un breve mandamiento: *"Te harás flecos en las cuatro puntas de tu manto con que te cubras"* (Deuteronomio 22:12). Este es un extraño mandamiento en medio del capítulo que instruye a los hombres de Israel sobre cómo vestir. No se dan más explicaciones, y está precedido y seguido de otros aspectos de la ley mosaica. En Números, sin embargo, el mandamiento está ampliado:

> *Y Jehová habló a Moisés, diciendo: Habla a los hijos de Israel, y diles que se hagan franjas en los bordes de sus vestidos, por sus generaciones; y pongan en cada franja de los bordes un cordón de azul. Y os servirá de franja, para que cuando lo veáis os acordéis de todos los manda-mientos de Jehová, para ponerlos por obra.* (Números 15:37–39)

Por tanto, *"por sus generaciones"*, los hombres judíos eran reconocidos instantáneamente por las borlas de lana retorcida en el borde de sus vesti-dos. Jesús no era diferente.

Cambiando ahora a la descripción de Lucas de la grave situación de la mujer, la historia continúa y ella *"se le acercó por detrás y tocó el borde de su manto; y al instante se detuvo el flujo de su sangre"* (Lucas 8:44).

El manto tradicional judío con borlas en las cuatro esquinas se llama el *talit*. Las borlas de lana representan los 613 mandamientos, o mitzvás, de Dios que protegen, dirigen, guían y enseñan a su pueblo. Jesús, como hombre judío al que llamaban "rabino", sin duda alguna vestiría uno de estos mantos. La traducción del extremo del talit es *borde*, pero en hebreo también se le llama el *arba kanfot,* o "cuatro alas".

Imagine a esta mujer, que había crecido oyendo historias de un Mesías prometido. Había oído a los hombres hablar de las profecías de Isaías sobre alguien que fue *"herido fue por nuestras rebeliones, molido por nuestros pecados; el castigo de nuestra paz fue sobre él, y por su llaga fuimos nosotros curados"* (Isaías 53:5). Cuando ella vio a Jesús vistiendo el manto de oración, sabía, por las promesas de Dios, que finalmente recibiría el milagro que había estado buscando por tanto tiempo. Había oído la profecía que decía: *"Nacerá el Sol de justicia, y en sus alas traerá salvación"* (Malaquías 4:2). Ella no intentó tocar la manga de Él, ni lloró en la distancia, sino que conocía la profecía y tenía fe en que Dios sería fiel a su Palabra, así que se estiró y lo agarró. Estoy seguro de que no fue mucho; ¡había sufrido del flujo de sangre durante *doce años*! Probablemente era pálida, delgada y débil en su aspecto; sin embargo, se estiró y agarró la promesa de Dios cuando pasó por su lado. Y Jesús se detuvo inmediatamente.

> *Entonces Jesús dijo: ¿Quién es el que me ha tocado? Y negando todos, dijo Pedro y los que con él estaban: Maestro, la multitud te aprieta y oprime, y dices: ¿Quién es el que me ha tocado? Pero Jesús dijo: Alguien me ha tocado; porque yo he conocido que ha salido poder de mí.*
> (Lucas 8:45–46)

Ella tocó el borde del talit, y Jesús *sintió* que el poder salía. Yo no sé usted, pero a mí me gustaría recibir un poco de ese poder.

> *Entonces, cuando la mujer vio que no había quedado oculta, vino temblando, y postrándose a sus pies, le declaró delante de todo el pueblo por qué causa le había tocado, y cómo al instante había sido sanada. Y él le dijo: Hija, tu fe te ha salvado; ve en paz.* (versículos 47–48)

Jesús no conocía a esta mujer, nunca antes la había visto, pero ella sabía que el Mesías vendría —que Jesús vendría— con sanidad en sus alas.

¿Es tan absurdo creer que al obedecer la Palabra de Dios y vestir un recordatorio de sus promesas cuando oramos, Él traerá sanidad en las alas del talit? Puede que usted piense: *¿Por qué necesitaríamos algo externo para facilitar la sanidad de Dios?*

¿Es cierto que cuando ungimos a personas con aceite, sanarán? (Ver, por ejemplo, Santiago 5:14).

¿Es cierto que cuando imponemos manos sobre los enfermos, se pondrán bien? (Ver, por ejemplo, Marcos 16:18).

¿Es cierto que deberíamos poner freno a nuestra boca, porque hay vida y muerte en el poder de la lengua? (Ver Proverbios 18:21).

¿Hay alguna utilidad en regocijarnos en el Señor siempre, porque Dios habita en las alabanzas de su pueblo? (Ver Salmos 22:3; Filipenses 4:4).

¿Es cierto que nuestros diezmos y ofrendas abrirán las ventanas de los cielos? (Ver Malaquías 3:10).

¿Es cierto que cuando cantamos y alabamos a Dios, Él está ahí en medio nuestro?

¿Manifiesta Dios su presencia y su poder en todas estas expresiones externas? ¿Sí?

Entonces quizá Dios nos haya dado otra revelación. No tiene usted que hacer ninguna de estas cosas para salvarse. No tiene que ungir con aceite, o imponer sus manos sobre los enfermos, o diezmar, o cantar alabanzas a Dios. Sin embargo, la Biblia dice:

> *Pero sed hacedores de la palabra, y no tan solamente oidores, engañándoos a vosotros mismos....Mas el que...persevera en ella, no siendo oidor olvidadizo, sino hacedor de la obra, éste será bienaventurado en lo que hace.* (Santiago 1:22, 25)

Bajo sus alas

Una vez, justamente antes de Navidad, mi esposa Tiz se puso muy enferma. Ya llevaba postrada en cama varias semanas, y yo cada día a eso de las 5:00 de la madrugada me acercaba a ella para ungirla con aceite y orar por sanidad, pero no ocurría nada. Cada mañana, yo oraba Dios vistiendo mi talit, pero aquella mañana en particular, Dios me habló diciéndome: "Entra ahora en su cuarto y tócala con el borde del manto, porque Jesús trae sanidad en sus alas". Eso es lo que me dijo, y no estoy exagerando ni un ápice. Por tanto, entré despacio en la habitación oscura donde Tiz se encontraba metida bajo las mantas. Le toqué con las borlas del talit, y de repente se incorporó, me extendió sus brazos y me abrazó. Como la mujer de la plaza pública, su milagro de sanidad se produjo en ese mismo segundo.

¿Había algo mágico en eso? No, en absoluto. Ciertamente no era nada que yo estuviera haciendo. ¡Yo no tengo suficiente poder en mis manos para quitarle el pelillo a un melocotón! Pero mi Biblia dice: *"Sobre los enfermos pondrán sus manos, y sanarán"* (Marcos 16:18). Echar fuera demonios y liberar el poder de Dios.

La desesperación de una abuela

Un par de meses después de que el Señor sanara milagrosamente a Tiz, una señora se nos acercó después de la iglesia una mañana del domingo, y nos dijo que había venido a la iglesia para que orásemos por ella. Dijo que era bautista y fiel miembro de su iglesia durante años. La señora tenía un nieto a quien amaba mucho, y durante la semana anterior, le habían llevado al hospital, donde le habían descubierto varios aneurismas cerebrales.

Ella acudió a su pastor pidiendo oración. El pastor había oído de los milagros que Dios estaba haciendo en la iglesia Nuevos Comienzos, y de la sanidad de Tiz y mi enseñanza sobre el talit. Después de orar por ella, este pastor le sugirió que viniera a vernos.

Esa mañana le di una breve enseñanza sobre la mujer que tocó el borde del manto de Jesús. La señora nos dijo que iba a ir al hospital a visitar a su nieto en cuanto saliera de la iglesia. Para orar por ella esa mañana, me puse mi talit y reclamé que el poder sanador de Dios cobrara vida en su nieto. Mientras salía, se detuvo en nuestra librería y compró uno de nuestros talits.

Cuando entró en la habitación del hospital, estaba llena de familiares muy preocupados. La mujer les dijo que esa no era la manera en que ella normalmente oraba, pero que sintió la necesidad de obedecer al Señor en eso. Les explicó que, al igual que la mujer con el flujo de sangre, su familia lo había intentado todo. Les explicó rápidamente lo que yo le había dicho sobre el talit, y luego lo puso sobre su nieto y oró por la promesa de Dios de sanidad.

Unas horas después, le hicieron más pruebas al niño; no mucho después, el doctor volvió a la habitación con muy buenas noticias: la prueba mostraba que se detuvo el sangrado. Por sus llagas, su nieto fue sanado. A Dios sea toda la gloria.

Hay muchas personas que no creen en la imposición de manos sobre los enfermos. Para ellos, todos esos milagros son sólo historias de la Biblia. Para ellos, estamos tirando el dado y esperando que salga algo bueno. Mi Biblia, no obstante, dice que cuando Jesús venga, habrá sanidad en sus alas. La mujer se decía: *Si tan solo tocase el borde…si tan solo tocase el ala.* ¿Por qué? Ella sabía que Jesús no vino como protestante o como gentil, sino como el Mesías judío con sanidad en sus alas.

Envuelto en la promesa

Hay un final increíble en la historia de Jesús y la sanidad de la mujer, pero comienza diciendo la razón por la que Jesús pasaba deprisa por ese lugar.

> *Entonces vino un varón llamado Jairo, que era principal de la sinagoga, y postrándose a los pies de Jesús, le rogaba que entrase en su casa; porque tenía una hija única, como de doce años, que se estaba muriendo.* (Lucas 8:41–42)

La mayoría de los días, el principal de la sinagoga también llevaba puesto el talit, pero en este caso no, porque era costumbre que un hombre con un hijo enfermo, especialmente un rabino, lo envolviera en el talit; literalmente envolverle en las promesas de Dios. Por tanto, ahí estaba Jairo, en lo que yo me imagino que era una prisa frenética, apresurando a Jesús entre la multitud para llegar hasta su hija enferma, cuando esa mujer sufriente los detuvo. Si hubiera sido yo, estoy seguro de que hubiera apresurado a Jesús para que no tocara a la mujer inmunda de la calle; seguro que ella podía esperar; al fin y al cabo, mi hija se estaba muriendo. Sin embargo, mientras Jesús aún hablaba con la mujer, alguien de la casa de Jairo llegó con muy malas noticias: *"Tu hija ha muerto; no molestes más al Maestro"* (versículo 49).

Jesús, sin embargo, no sólo se detuvo para sanar a la mujer, sino que también se detuvo para liberar más fe en su padre. El padre, cabeza de la sinagoga local, ya había envuelto a su hija en las promesas de Dios. Ahora, ese mismo Dios iba a mostrarle que Jesús realmente tenía sanidad en sus alas. Jesús, entendiendo la angustia del hombre, dijo: *"No temas; cree solamente, y será salva"* (versículo 50).

Cuando Jesús llegó a la casa de Jairo, donde había comenzado el lloro y el luto, anunció: *"No lloréis; no está muerta, sino que duerme"* (versículo 52). Las plañideras se burlaron de Jesús por decir una frase tan estúpida.

> *Mas él, tomándola de la mano, clamó diciendo: Muchacha, levántate. Entonces su espíritu volvió, e inmediatamente se levantó; y él mandó que se le diese de comer. Y sus padres estaban atónitos; pero Jesús les mandó que a nadie dijesen lo que había sucedido.* (versículos 54–56)

Ahí estaba la pequeña, envuelta en el talit—envuelta en las promesas de Dios—, y Jesús la despertó como si sólo hubiera estado durmiendo.

Envuélvase en las promesas de Dios

Los Salmos contienen una profecía sobre vestir el manto de oración:

> *El que habita al abrigo del Altísimo morará bajo la sombra del Omnipotente....Con sus plumas te cubrirá, y debajo de sus alas estarás seguro; escudo y adarga es su verdad.* (Salmo 91:1, 4)

> **Cuando Jesús dijo: "Sígueme", quería decir "imítame; camina como yo camino".**

Cuando Jesús dijo: "Sígueme", quería decir "imítame; camina como yo camino; habla como yo hablo; come como yo como". Cuando vestimos el manto de oración, habitamos en el lugar secreto del Dios Altísimo, y en su sombra—bajo sus alas—encontraremos refugio, sanidad, liberación y prosperidad.

Cuando los hombres judíos se ponen el talit, oran: "Qué preciosa es tu bondad, oh Dios. La humanidad está bajo el refugio de tus alas". Claro, sabemos que Dios no es un pájaro con alas, y que esto no es tan sólo una analogía; es profético. Los judíos entendían las enseñanzas de Moisés. *"Habla a los hijos de Israel, y diles que se hagan franjas en los bordes de sus vestidos, por sus generaciones; y pongan en cada franja de los bordes un cordón de azul"* (Números 15:38).

No le estoy diciendo con esto que actúe de forma rara o extraña, ni le estoy diciendo que haga algo para ser visto por los hombres. Cuando hacemos las cosas solamente para ser vistos por los hombres, ya estamos recibiendo nuestra recompensa. Tan sólo le estoy preguntando: ¿por qué no intentar algo que está en las Escrituras? ¿Por qué no consigue un talit y se envuelve en las promesas de Dios cuando comience a orar y a adorar? Puede encontrarlos en cualquier sinagoga o tienda de artículos judíos, o puede encontrarlos en Internet. No suelen ser muy caros.

Sé lo que está pensando: *Estas cosas sólo pasaban en los tiempos de Jesús.* Déjeme decirle que hemos visto sanidades milagrosas tan increíbles como la de esta historia.

Antes de nuestras reuniones en Nuevos Comienzos, yo me envuelvo en el talit y oro por mi congregación mientras entran en el edificio. "Ese cáncer en esa niña desaparece, en el nombre de Jesús. Su casa ya ha sido comprada en el nombre de Jesús. Esos adolescentes no van a caer en las drogas, en el nombre de Jesús". Mientras lo hago, estoy cubriendo mi mente con las promesas de Dios. He experimentado una unción completamente nueva.

Un domingo, el Espíritu de Dios me dio una visión clara de que alguien en Nuevos Comienzos acababa de descubrir que tenía unos puntos en el hígado. Durante la reunión, compartí esta visión, cerré mis ojos, y oré para que Dios sanara a cualquiera que tuviera esos puntos en el hígado. Cuando abrí mis ojos, había una señora en pie en la plataforma. Tiz la había visto llorar mientras yo daba esta palabra, y la llamó para que se acercara, y allí reclamamos esta profecía de sanidad. Yo podría contarle la historia, pero nadie lo cuenta mejor que ella misma.

Sanidad en sus alas

Recientemente, Nuevos Comienzos oró por mi hermano Steve. Debido a esas oraciones, nos dijeron que ya no tenía ningún punto de cáncer en su hígado, y que, por tanto, no era necesario el trasplante. ¡Dios es asombroso!

Nuestro Señor ha hecho mucho en mi vida en los últimos cinco meses. Quiero compartirlo con todos ustedes. Hace varios meses me dijeron que tenía un aneurisma cerebral que sólo se podía curar con cirugía. Después de considerarlo en oración, dije: "Puede que lo tenga hoy, pero por las llagas de mi Señor, soy sanada". Con una paz total en mi alma, rechacé la cirugía. Sin embargo, un mes después, tuve un infarto que paralizó el lado derecho de mi cuerpo.

Después del infarto, me volvieron a decir que necesitaba una cirugía cerebral y terapia física para poder recuperarme. Todavía, en mi alma, me negué a creerlo, y dije: "No me voy a mover por lo que veo porque Jesús llevó mi infarto y aneurisma, y por sus llagas soy sanada y restaurada por completo".

Al día siguiente, la doctora entró a mi habitación del hospital con una mirada en su rostro que nunca olvidaré. Simplemente dijo: "El aneurisma ha desaparecido". Yo le dije: "Y también el aturdimiento de mi cuerpo". Gracias a Dios, pude salir del hospital ese día, sanada y restaurada.

Sorprendentemente, ese no es el final del milagro. Mientras estaba en el hospital, el Señor me dio una enfermera judía que estuvo conmigo desde la sala de urgencias hasta mi habitación en planta. Ella me escuchó pedir a mi madre que me trajera mi Biblia y mi talit. También me oyó citar Isaías 53 a mis doctores: *Mas él herido fue por nuestras rebeliones, molido por nuestros pecados; el castigo de nuestra paz fue sobre él, y por su llaga fuimos nosotros curados* (versículo 5). Ella me oyó orar usando las palabras *Padre nuestro*.

Finalmente, cuando estábamos solas, me preguntó: "¿Cómo alguien gentil sabe palabras judías y cómo usar el manto de oración?". Esa fue la oportunidad que necesitaba para hablarle de nuestra iglesia y del pastor Larry y sus enseñanzas sobre las raíces judías de nuestra fe en un Jesús judío. Ella lo recibió todo y estuvo ahí para ser testigo de mi milagro de sanidad por Jesús, que es el Hijo de Dios.

Probablemente piense que con esto ya es suficiente, pero aún no he terminado. Yo tenía un hijo pródigo al que no veía ni sabía nada de él desde hacía años. Hace tres semanas, mi hijo me contactó repentinamente y me dijo que venía a casa de visita. Fue doblemente significativo, porque mi cumpleaños era esa semana. Siento que todo esto es la doble bendición que Dios ha liberado en mi vida al serle obediente. ¡Dios restauró a mi hijo y me dio el mejor regalo de cumpleaños de mi vida!

Una vez más, estoy muy agradecida con mis pastores Larry y Tiz y todo lo que hacen. Verdaderamente somos la Palabra de Dios envuelta en carne. Por favor, siga contándoles a los demás lo que Dios, Jesús, y el Espíritu Santo pueden hacer a través de nosotros y en nosotros.

—Deborah Meeker

Quizá diga: "Pero pastor Larry, es sólo un manto físico…un trozo de tela. No tiene poderes espirituales". Y yo estoy completamente de acuerdo con usted, pero de nuevo le pregunto: ¿Por qué nos postramos? ¿Por qué inclinamos la cabeza? ¿Por qué alzamos nuestras manos? Esas también son sólo acciones físicas, y las hacemos porque las acciones físicas nos ayudan a conectar nuestras mentes y conciencias con lo espiritual. Las hacemos porque nos sitúan en la mentalidad correcta para hablar con Dios. El talit no es diferente; no es una tela mágica, sino un recordatorio físico de una verdad espiritual. Usted puede envolverse en él y decir: "Padre, reclamo todas tus promesas a través de la sangre de Jesús, y me cubro en ellas. Me envuelvo en tus alas de sanidad".

La mujer con el flujo de sangre lo había intentado todo. Dijo: "Estoy arruinada, me estoy muriendo, y soy inmunda, pero algo acerca de este Hombre me dice que es el Mesías con sanidad en sus alas". Luego, cuando vio al rabino con el talit que pasaba por allí, fue y se agarró de la promesa de Dios.

¿Cuántos de ustedes han intentado todo para prosperar? ¿Cuántos lo han intentado todo para rehabilitarse de la adicción a las drogas o al alcohol? ¿Cuántos lo han intentado todo para sanar a sus familiares? ¿Cuántos están luchando para salvar y alcanzar a sus hijos? ¿Cuántos de ustedes tan sólo necesitan salir y agarrarse de las promesas de Dios?

La Biblia dice que vendrá un día al final de los tiempos cuando los gentiles, que están hambrientos de las cosas de Dios, abrirán sus ojos a los misterios del reino (ver Romanos 11:25). Dirán: "¿Saben qué? Hemos heredado algunas mentiras y tradiciones de hombres durante el camino, pero nos estamos deshaciendo de todo eso, y estamos regresando a la Palabra de Dios. Vamos a caminar como Jesús caminó". En ese día, la Biblia ya no será dejada de lado como una colección de historias, sino que será valorada como la promesa de un Dios vivo. Cuando Jesús regrese, no iremos a casa con una queja, sino con un grito poderoso.

Como pastor, cuando impongo las manos sobre personas, mi deseo es ver que Dios les sane. Cuando impongo manos sobre personas, quiero verlas desatadas y libres: a cada una de ellas.

Guárdame como a la niña de tus ojos; escóndeme bajo la sombra de tus alas.　　　　　　　　　　　　　　　　　　　　　　　　(Salmo 17:8)

Estoy convencido de que el talit no es un truco publicitario, sino una probadita de lo que vendrá. Hay más bendiciones milagrosas al guardar el *Shabat* y al compartir las grandes fiestas santas. Sigamos profundizando en los misterios y los milagros de *La Bendición Torá*.

5

El Shabat: Nuestro tiempo señalado

menudo le digo a la gente: "Si pudiera enseñarle solo tres cosas, serían: primero, recibir a Jesucristo como su Señor y Salvador; segundo, amar a Israel, no sólo la tierra, sino también al pueblo; y tercero, aprender sobre el milagro que Dios tiene para usted cuando *recuerde* y *guarde* el Shabat*". Antes de entrar en ello, recordemos que la ley de Dios—su Torá—no es legalismo, sino un proceso de servir y entender a nuestro Padre celestial. Hay un poder milagroso en el día señalado que el Señor llama *Shabat*, o, en hebreo, *Shabbat*.

En el judaísmo tradicional, el Shabat comienza el viernes por la noche y termina al anochecer del sábado. No obstante, contrariamente a la creencia popular, el propósito del Shabat no es señalar el día en el que usted va a la iglesia. Independientemente de cuándo sea, lo importante es tener en mente que, siempre que el pueblo de Dios se reúne para alabarle y adorarle, el Señor está ahí. *"Porque donde están dos o tres congregados en mi nombre, allí estoy yo en medio de ellos"* (Mateo 18:20). Aquí en Dallas, nuestra iglesia Nuevos Comienzos se reúne los domingos y lo miércoles por la tarde, como la mayoría de las demás iglesias en Estados Unidos. No hemos cambiado el día de reunión en la iglesia porque todavía tenemos la gran comisión de alcanzar al mundo con el evangelio de Jesucristo, y para nosotros, los domingos es el mejor día para eso. No obstante, una vez al mes, Nuevos Comienzos tiene una reunión de Shabat el viernes por la noche. Todos los demás viernes, Tiz y yo damos la bienvenida al Shabat en nuestro hogar, así como nuestros hijos, trabajadores y muchos otros miembros de la iglesia han aprendido a hacer.

Lo hacemos no como legalismo o ritual vacío, sino por la revelación. Al hacerlo, hemos visto una multiplicación del poder milagroso de Dios no sólo en nuestra familia personal, sino también en las vidas de la familia de Dios. No puedo contarle cuántas veces la gente nos dice: "En cuanto comencé a guardar el Shabat, recibí un milagro". Cuerpos han sido sanados, economías han sido saneadas, deudas han sido canceladas y hogares han sido restaurados. Yo creo firmemente que milagros como esos le están esperando y que este es el elemento que falta en el caminar cristiano que usted ha estado esperando. Este es el avance que puede conectarle con el poder de Dios y con el poder que hay en la sangre de Jesús.

Un tiempo señalado

Dios es Dios siete días a la semana. Esto es algo que cada creyente sabe. Él es mi Señor de lunes a domingo. *"Porque yo Jehová no cambio"* (Malaquías 3:6). Cuando le necesitamos, Él *siempre* está ahí. *"Venid a mí todos los que estáis trabajados y cargados, y yo os haré descansar"* (Mateo 11:28). El Señor nos ha dicho que podemos acudir a Él en cualquier momento, cualquier día de la semana, con nuestras necesidades y preocupaciones.

Aunque nunca hay un momento en el que no podamos acudir a Dios, hay tiempos especiales—tiempos señalados—que el Señor mismo ha asignado para reunirse con nosotros. Cuando trataba con sus siervos y profetas en las Escrituras, Dios a menudo se refería a esas citas divinas específicas:

> *¿Hay para Dios alguna cosa difícil? Al tiempo señalado volveré a ti, y según el tiempo de la vida, Sara tendrá un hijo.* (Génesis 18:14)

> *Y Jehová fijó plazo, diciendo: Mañana hará Jehová esta cosa en la tierra.* (Éxodo 9:5)

> *¿No es acaso brega la vida del hombre sobre la tierra, y sus días como los días del jornalero?* (Job 7:1)

Señalar significa "fijar o establecer oficialmente, nombrar oficialmente, concertar una cita". Dios siempre está ahí para que acudamos a Él, pero ha apartado un tiempo específico, un tiempo fijado y santo, y se llama *Shabat*.

Los Diez Mandamientos que Dios le dio a Moisés contienen adver-
tencias contra ciertos comportamientos que pueden dañar nuestra relación con Él: asesinato, robo, adulterio, idolatría, etc. No obstante, también
proporcionan dos pasos positivos que nos acercan a Él: honrar a nuestros
padres y guardar el Shabat. Dios enseñó a su pueblo que hacer estas cosas
traería bendición sobre ellos y sus familias, tanto espiritual como físicamente. ¿Pero de dónde proviene este concepto del Shabat? Para entenderlo,
debemos volver al comienzo.

Dios creó los cielos y la tierra; luego, creó la luz y el sol, y la luna.
Después creó la tierra seca y los mares con todas las criaturas. Dios creó
todo lo que necesitábamos para vivir en esta tierra.

Luego dijo Dios: Produzca la tierra seres vivientes según su género,
bestias y serpientes y animales de la tierra según su especie. Y fue así.
E hizo Dios animales de la tierra según su género, y ganado según su
género, y todo animal que se arrastra sobre la tierra según su especie. Y
vio Dios que era bueno. (Génesis 1:24–25)

La tierra era buena. El mar era bueno. Los frutos, el ganado; ¡todo era
bueno! ¿Por qué era bueno? Cuando piensa en ello, Dios no tenía necesidad
de hierba o de ganado, del sol o de la luna. Él llamó *"bueno"* a todo lo que
creó porque sabía que sería bueno para *nosotros*.

Era la mañana del sexto día, lo que llamaríamos viernes. En ese día,
Dios le dio al mundo dos cosas buenas más.

Entonces dijo Dios: Hagamos al hombre a nuestra imagen, conforme
a nuestra semejanza; y señoree en los peces del mar, en las aves de los
cielos, en las bestias, en toda la tierra, y en todo animal que se arrastra
sobre la tierra. (versículo 26)

El viernes, lo último que creó fue a nosotros. La noche del viernes, Dios
echó un vistazo a su creación y declaró que estaba acabada.

Y vio Dios todo lo que había hecho, y he aquí que era bueno en gran
manera. Y fue la tarde y la mañana el día sexto. Fueron, pues, acaba-
dos *los cielos y la tierra, y todo el ejército de ellos. Y* ***acabó*** *Dios en el*

*día séptimo **la obra** que hizo; y reposó el día séptimo de toda la obra que hizo.*   (Génesis 1:31–2:2, énfasis añadido)

Esta es mi pregunta: Si Dios *"acabó"* todo el sexto día, ¿cuál fue la obra que *"acabó"* el séptimo día?

Nuestra menuhah

Empecemos con la palabra *descanso*. Para nuestra mente occidental, eso significa tomarse el día libre. *He trabajado seis días creando el universo. Ahora, estoy agotado, estoy exhausto, ¡y necesito un descanso!* ¿Realmente cree que es eso lo que Dios estaba diciendo? Parece un tanto ridículo, ¿no es cierto? Dios es todopoderoso; Él no es un hombre de carne y hueso con limitaciones físicas que estaría agotado al final del día.

En hebreo, la palabra *descanso* es *menuhah*, que significa "paz, armonía, felicidad, sin conflictos". Durante seis días, su Padre celestial creó todo lo que era *"bueno"* como una bendición para usted. Después, en la noche del sexto día, ¡lo último que creó fue *a usted*! Pero su obra aún no estaba completa. Puede que estuviera *acabada*, pero no estaba *completa*. En seis días, Dios había creado todo lo que el hombre necesitaba para ser bendecido. El séptimo día, Dios terminó su obra creando la bendición—el menuhah— de paz, gozo, alegría, prosperidad y salud.

Y bendijo Dios al día séptimo, y lo santificó, porque en él reposó de toda la obra que había hecho en la creación.   (Génesis 2:3)

El Señor bendijo y *"santificó"*—apartó—un día. Cada día que tenemos es un día bendecido, pero el Shabat es un día santificado, un día especial, apartado para usted y para mí. Es una cita personal y permanente con la promesa sobrenatural de Dios

¿Quién sirve a quién?

Soy muy consciente de que la mayoría de los cristianos equiparan el guardar el Shabat con un legalismo religioso. Esto se debe principalmente a pasajes de las Escrituras como este:

Aconteció que al pasar él por los sembrados un día de reposo, sus discípulos, andando, comenzaron a arrancar espigas. Entonces los fariseos le dijeron: Mira, ¿por qué hacen en el día de reposo lo que no es lícito?
(Marcos 2:23–24)

Incluso en tiempos de Jesús, la gente intentaba tomar la Torá, el camino para que el pueblo de Dios se convirtiera en su luz en este mundo, y hacer de ella un legalismo sin sentido. ¿Se acuerda cómo respondió Jesús?

También les dijo: El día de reposo fue hecho por causa del hombre, y no el hombre por causa del día de reposo. Por tanto, el Hijo del Hombre es Señor aun del día de reposo.
(Marcos 2:27–28)

¡Qué versículos tan poderosos! El Shabat—un día de paz, poder y milagros—fue dado por Dios para *servir* al hombre; el hombre nunca fue diseñado para servir al Shabat. El Shabat no era un aro para que el hombre saltara a través de él para agradar así a su maestro. La Palabra de Dios nos insta a guardar el Shabat porque *éste* está para *servirnos*; es una cita con nuestro Creador, disponible a través del sacrificio de Jesucristo. Por eso, Jesús dijo ser *"Señor del Shabat"*. Él es quien conecta a cada hombre, mujer y niño con este descanso Shabat, el menuhah.

Trabajar para nuestro descanso

Como cristianos, se nos ha enseñado que la Palabra de Dios *"es viva y eficaz, y más cortante que toda espada de dos filos; y penetra hasta partir el alma y el espíritu, las coyunturas y los tuétanos, y discierne los pensamientos y las intenciones del corazón"* (Hebreos 4:12). A menudo hemos oído y leído estas palabras escritas por el autor de Hebreos, ¿pero qué quería decirnos específicamente el autor? Para entenderlo, debemos leer los versículos anteriores:

Porque en cierto lugar dijo así del séptimo día: Y reposó Dios de todas sus obras en el séptimo día. Y otra vez aquí: No entrarán en mi reposo. Por lo tanto, puesto que falta que algunos entren en él, y aquellos a quienes primero se les anunció la buena nueva no entraron por causa de desobediencia, otra vez determina un día: Hoy, diciendo después de tanto tiempo, por medio de David, como se dijo: Si oyereis hoy su voz, no endurezcáis vuestros corazones. Porque si Josué les hubiera dado el reposo, no hablaría después de otro día. Por tanto, queda un reposo para el pueblo de Dios. Porque el que ha entrado en su reposo, también ha reposado de sus obras, como Dios de las suyas. Procuremos, pues, entrar en aquel reposo, para que ninguno caiga en semejante ejemplo de desobediencia. Porque la palabra de Dios es viva y eficaz, y más cortante que toda espada de dos filos; y penetra hasta partir el alma y el espíritu, las coyunturas y los tuétanos, y discierne los pensamientos y las intenciones del corazón.   (Hebreos 4:4–12)

> **Cuando entramos en su reposo, la Palabra de Dios es capaz de penetrar en nuestro espíritu y alma y abrirse camino a nuestro corazón.**

Cuando entramos en su reposo, la Palabra de Dios es capaz de penetrar en nuestro espíritu y alma y abrirse camino a nuestro corazón. Quienes creemos en Jesucristo, que hemos sido injertados en Israel, tenemos el derecho de entrar en este descanso: el menuhah. Este reposo se mostró primero a algunos que no lo recibieron porque habían endurecido su corazón. El escritor advierte a sus lectores: *"no endurezcáis vuestros corazones"*. En el versículo 9 nos asegura: *"Por tanto, queda un reposo para el pueblo de Dios"*.

Mire el versículo 11: *"Procuremos, pues, entrar en aquel reposo, para que ninguno caiga en semejante ejemplo de desobediencia"*. Aquí la palabra *"procuremos"* parece decirnos: "Hagamos *un esfuerzo* para entrar en este reposo". Algunos se han perdido este descanso por su dureza de corazón. Otros se lo han perdido por una falta de entendimiento o de temor al legalismo. Somos salvos por gracia, no por la ley, pero necesitamos añadir conocimiento a nuestra fe para que no nos perdamos también este reposo. Según Hebreos, esto puede que conlleve algo de *esfuerzo* por nuestra parte.

Recordar y santificar el Shabat

Hay dos palabras que la mayoría de las veces están asociadas con el Shabat: *recordar* y *santificar*.

Acuérdate del día de reposo para **santificarlo***. Seis días trabajarás, y harás toda tu obra; mas el séptimo día es reposo para Jehová tu Dios; no hagas en él obra alguna, tú, ni tu hijo, ni tu hija, ni tu siervo, ni tu criada, ni tu bestia, ni tu extranjero que está dentro de tus puertas. Porque en seis días hizo Jehová los cielos y la tierra, el mar, y todas las cosas que en ellos hay, y reposó en el séptimo día; por tanto, Jehová bendijo el día de reposo y lo santificó.*

(Éxodo 20:8–11, énfasis añadido)

Recordar

En hebreo, *recordar* es la palabra *zakar*. En el *Diccionario Hebreo Strong's* significa "marcar...recordar; por implicación, mencionar; también ser varón". En la cultura hebrea, el varón primogénito era alguien especial, diferente al resto. *"También redimirás al primogénito de tus hijos"* (Éxodo 13:13). De igual modo, Dios nos ha dicho que *"recordemos el Shabat"*. De todos los días de la semana, el Shabat es especial, diferente de cualquier otro.

Santificar

Luego, la siguiente frase en Éxodo 20:8 dice *"santificarlo"*. No basta con sólo recordarlo, también tenemos que santificarlo. Necesitamos apartarlo como algo santo. Esto va con la exhortación del autor de Hebreos a que hagamos un esfuerzo para no perder este tiempo con Dios tan milagroso. Lo contrario de *guardar* algo sería *perderlo*. Parece como si Dios nos advirtiera de que el Shabat es algo que necesitamos guardar, o continuar, para no comenzar a olvidar y dejar que se desvanezca hasta que se pierda.

Yo creo firmemente que nunca deberíamos tomar un versículo de las Escrituras y hacer una doctrina o una enseñanza de ello. Dicho esto, veamos unos cuantos versículos más que enseñan sobre el Shabat como el día que Dios nos dio a todos nosotros.

Y él les dijo: Esto es lo que ha dicho Jehová: Mañana es el santo día de reposo, el reposo consagrado a Jehová. (Éxodo 16:23)

Guardarán, pues, el día de reposo los hijos de Israel, celebrándolo por sus generaciones por pacto perpetuo.   (Éxodo 31:16)

Guardarás el día de reposo para santificarlo, como Jehová tu Dios te ha mandado....Acuérdate que fuiste siervo en tierra de Egipto, y que Jehová tu Dios te sacó de allá con mano fuerte y brazo extendido; por lo cual Jehová tu Dios te ha mandado que guardes el día de reposo.
(Deuteronomio 5:12, 15)

> **Como cristianos, a veces olvidamos que en otro tiempo fuimos esclavos del pecado y que teníamos necesidad de liberación.**

Cuando tomamos tiempo para el Shabat en nuestras ajetreadas vidas, debemos tener en mente que estamos *en este mundo*, pero que no somos *de este mundo*. Como Israel cuando salió de Egipto, somos liberados de la esclavitud del mundo a través de Jesucristo. Algo más que somos dados a olvidar es que en otro tiempo fuimos esclavos. Estoy seguro de que, tras unas pocas generaciones en la Tierra Prometida, la historia de la esclavitud de Israel habría comenzado a desvanecerse de no haber sido por las conmemoraciones del Shabat y la Pascua. Del mismo modo, como cristianos, a veces olvidamos que en otro tiempo fuimos esclavos del pecado y que teníamos necesidad de liberación. El Shabat es un momento estupendo para reflexionar en esto y apreciar el hecho de que *"Dios le sacó de ahí con su mano poderosa y su brazo extendido"*.

El Shabat comienza al anochecer

La única experiencia de muchos cristianos de ver una celebración de Shabat judío es en la película *Violinista en el tejado*. En una escena, la familia se está apresurando el día antes del Shabat. El personaje principal de la película es Tevye, el hombre que reparte leche y queso en una pequeña ciudad de Rusia. Golde, su esposa, se enoja porque Tevye todavía tiene que hacer repartos y casi está anocheciendo, el comienzo del Shabat y la hora de su cena familiar de Shabat. "De prisa—dice ella—, ¡llegarás tarde!".

¿Por qué insiste Dios en que el Shabat comience al anochecer? ¿Es un ser legalista? Yo creo que es porque nos conoce mejor que nosotros mismos, y conoce nuestra tendencia a llenar nuestra vida de obligaciones y requisitos aparentemente cruciales. Cuando actuamos por nuestra propia cuenta, tendemos a estar ocupados y apresurados hasta el punto de olvidarnos de Él, de Aquel de quien recibimos nuestras bendiciones. Como Dios conoce este aspecto de nosotros, nos dio el mandamiento de apartar un día, comenzando a una hora específica, para tener una cita con Él, e incluso puso un nombre a esta cita: el Shabat. Él asignó un día específico de cada semana, el séptimo día, para que no nos confundiéramos y nos lo perdiéramos. Al buscarle en este día, recibimos toda la paz, bendición, gozo, prosperidad y felicidad que Dios nos ha prometido. Dios sabe que estamos ocupados, sabe que tenemos cosas que hacer; sin embargo, también sabe que nunca lograremos todo lo que tenemos por delante si avanzamos sin su bendición y provisión. ¿Le suena esto a legalismo y ataduras? A mí me suena a buenas noticias y libertad.

Ahora bien, tratemos "el elefante en la sala". A lo largo de la historia, el Shabat judío ha comenzado el viernes al anochecer y ha durado hasta el sábado al anochecer. Después de la resurrección de Cristo, el Shabat cristiano finalmente acabó siendo la mañana del primer día de la semana. ¿Cómo ocurrió esto? ¿Se ha preguntado alguna vez cuándo y por qué el día de adoración cristiano cambió del sábado al domingo?

¿Ha cambiado el día del Shabat?

La Palabra de Dios nos dice que Dios bendijo el séptimo día y lo santificó: un día señalado.

> *Habló además Jehová a Moisés, diciendo: Tú hablarás a los hijos de Israel, diciendo: En verdad vosotros guardaréis mis días de reposo; porque es señal entre mí y vosotros por vuestras generaciones, para que sepáis que yo soy Jehová que os santifico. Así que guardaréis el día de reposo, porque santo es a vosotros; el que lo profanare, de cierto morirá; porque cualquiera que hiciere obra alguna en él, aquella persona será cortada de en medio de su pueblo.* (Éxodo 31:12–14)

Obviamente, si no guardamos el Shabat, Dios no va a matarnos por ello; eso sería ridículo. Examinemos, por tanto, los lados físico y espiritual de lo que Dios estaba diciendo. ¿Podría ser que cuando no guardamos y recordamos físicamente el Shabat, las bendiciones espirituales y los milagros que Dios tiene para nosotros mueren? Quizá no hemos visto y experimentado todo lo que el Señor tiene para nosotros porque hemos perdido este tiempo milagroso y señalado del descanso de Dios. ¿Podría ser que hayamos perdido sanidad y bendiciones para nuestras finanzas y familias?

Entonces, ¿cómo cambió la iglesia uno de los Diez Mandamientos del sábado al domingo? ¿Lo cambió Dios, o el hombre?

El gran cambio

> *El primer **día** de la semana, reunidos los discípulos para partir el pan, Pablo les enseñaba, habiendo de salir al día siguiente; y alargó el discurso hasta la medianoche.* (Hechos 20:7, énfasis añadido)

Este es el pasaje de las Escrituras que más se ha usado para sostener la idea de que Pablo y la Iglesia primitiva cambiaron el Shabat del sábado, el séptimo día de la semana, al domingo, el primer día de la semana.

Lea este mismo pasaje en su Biblia. ¿Ve algo diferente en el tipo de impresión de la palabra *día?* En algunas versiones de la Biblia inglesa, como la King James o la *New King James*, verá que es la única palabra que aparece en itálica de toda la frase. ¿Sabe por qué algunas palabras en la Biblia están en itálica? Esto denota ocasiones en las que las palabras se añadieron para mayor claridad: palabras que no estaban en el texto original sino que se añadieron siglos después, normalmente para aclarar el significado de la traducción del pasaje.

El texto original en griego dice así: *"El motza' el-shabbat, reunidos los discípulos para partir el pan..."*. Las traducciones modernas han sustituido tradicionalmente *motza' el-shabbat* por la palabra *día* cuando su significado original es "al final del Shabat". (Ver *The Complete Jewish Bible* por David Stern).

En el calendario gregoriano, el último día de la semana del calendario es el sábado, el séptimo día. El domingo por la mañana comienza entonces el primer día. Sin embargo, para los judíos, el día comienza y termina al anochecer; por tanto, el primer día de la semana comienza, no el domingo por la mañana, sino el sábado por la noche, concretamente después de las tres primeras estrellas visibles. Al eliminar la palabra *día* de Hechos 20:7, la hora en que *"se reunieron los discípulos para partir el pan"* es más probable que fuera el sábado por la noche, y no el domingo por la mañana. Veamos las razones de esto.

En primer lugar, es costumbre comenzar el Shabat al atardecer del viernes partiendo pan y compartiendo una cena de Shabat con amigos y familiares. Es un tiempo significativo de diversión y compañerismo. El Shabat oficialmente termina el sábado por la noche cuando se ven las tres primeras estrellas en el cielo. Este es el comienzo de la siguiente semana. Hay una reunión tradicional para terminar el Shabat llamada *havdalah*, donde se encienden velas y se declaran bendiciones. Aunque este es técnicamente el final el Shabat, su espíritu continúa hasta la noche con una cena y el partimiento de pan.

En segundo lugar, Hechos 20:7 dice que Pablo les habló hasta la medianoche, y luego *"habló largamente hasta el alba"* (versículo 11). ¿Acaso no tiene eso más sentido que el que Pablo predicara desde el domingo por la mañana hasta la medianoche? Incluso para mí, dieciocho horas de predicación sería mucho tiempo. Por tanto, este versículo apoya el sábado como el día del Shabat reconocido por Pablo y por los demás apóstoles.

Sin embargo, ¿es realmente importante esto? ¿Qué más da si el primer día de la semana fuese el lunes o el martes? La mayoría de nosotros probablemente haya estado en la iglesia en algún momento de sus vidas todos los días de la semana, normalmente yendo a tener comunión y a "partir el pan" después. Esto no cambia la Palabra de Dios. El escritor del libro de Hebreos dijo que hay un día especial: el séptimo día. *"Procuremos, pues, entrar en aquel reposo"* (Hebreos 4:11). Si Moisés enseñó el Shabat, e Isaías lo enseñó, y Pablo lo enseñó, y Jesús lo enseñó, entonces ¿cómo es que se cambió el sábado al domingo?

La política y el antisemitismo

Finalmente, a medida que crecía la iglesia primitiva y se esparcía por todo el mundo, los gentiles creyentes en Jesucristo dejaron atrás a los creyentes judíos. Como todas las cosas en este mundo, cuando el hombre se involucra, entra también el error humano, la política y la avaricia. Los líderes de la iglesia, por muchas razones, comenzaron a separarse ellos mismos y a la iglesia de las raíces hebreas de las Escrituras, de todo lo que era judío y de Israel mismo. Al final, la iglesia pasó de Israel a Roma en mente, espíritu y doctrina. Esta partición de caminos entre cristianos y judíos ocurrió de forma gradual durante un periodo de dos o tres siglos.

Aunque no hay evidencia en las Escrituras ni en los documentos cristianos históricos de que los discípulos celebraran lo que ahora se llama "Semana Santa", era una tradición establecida en la iglesia al comienzo del segundo siglo. Tal celebración de la resurrección de Jesús, el Cordero de Dios, ciertamente estaba ligada en el calendario con la celebración judía de la Pascua y la observancia judía del Shabat, que ocurría el sábado.

En el año 135 d.C., el emperador romano Adriano proscribió el guardar el Shabat. Así, fue el hombre, y no Dios, quien declaró ilegal guardar el Shabat el sábado, como había sido costumbre según la Palabra de Dios y la práctica de Jesús y sus seguidores.

Trescientos años después de la resurrección de Jesús, un hombre llamado Flavio Valerio Aurelio Constantino—más conocido como Constantino el Grande—se convirtió en emperador de Roma. Llegó a ser conocido como el primer emperador "cristiano". Constantino sintió que era responsable ante Dios de la salud espiritual de la gente. Hizo así ley de Roma que Dios sería "adecuadamente adorado" en su imperio. Claro está, lo que se consideraba "adecuado" fue determinado por su iglesia completamente gentil y políticamente motivada. En el año 325 d.C., Constantino organizó lo que se llamaría el Concilio de Nicea para determinar qué doctrinas de la iglesia eran aprobadas y cuáles eran herejía. Entre sus muchos decretos estaba la decisión de cambiar la costumbre de los cristianos de celebrar la Pascua en el día catorce del mes hebreo de Nisan. Ese era el día señalado en la Torá:

Y este día os será en memoria, y lo celebraréis como fiesta solemne para Jehová durante vuestras generaciones; por estatuto perpetuo lo celebraréis. (Éxodo 12:14)

En el mes primero, a los catorce del mes, entre las dos tardes, pascua es de Jehová. (Levítico 23:5)

La Palabra de Dios dice que ese fue el día fijado: *"estatuto perpetuo"*. Sin embargo, trescientos años después de la muerte de Cristo, Constantino y el Concilio de Nicea prohibieron a los cristianos recordar y celebrar a Jesús el sábado y cambiaron el Shabat al domingo. Este fue el comienzo de una separación sistemática del cristianismo de sus raíces judías. El emperador Constantino hizo esta declaración:

> El domingo ahora será un día de descanso para todo el imperio romano, el venerable día del sol. Que los magistrados y residentes en las ciudades descansen y que todas las tiendas se cierren. Sin embargo, en el campo, las personas que trabajan en la agricultura pueden seguir libre y legalmente sus labores porque a menudo ocurre que otro día no es factible para sembrar el grano o plantar viñas; no sea que siendo negligentes con el momento adecuado para tales operaciones se pierda la recompensa del cielo.[4]

Había dos razones para esto. En primer lugar, la iglesia cristiana había sufrido una gran persecución por algunos judíos que habían rechazado a Cristo. Las relaciones entre los dos grupos se habían vuelto bastante hostiles en ese entonces. En segundo lugar, como Roma estaba intensificando su persecución a los judíos, parecía un momento apropiado para separar todo lo posible al cristianismo del judaísmo.

En el año 364 d.C., el Concilio de Laodicea declaró que toda observancia cristiana se debía llevar a cabo el domingo, y no el sábado. Por orden del Concilio, el domingo fue el nuevo Shabat.

> Los cristianos no judaizarán ni estarán ociosos el sábado, el Shabat, sino que trabajarán ese día; pero el día del Señor [domingo] lo honrarán especialmente, y como cristianos, si es posible, no trabajarán ese día. Sin embargo, si se les sorprende judaizando, serán excluidos de Cristo.[5]

Los cristianos no sólo fueron alejados de sus raíces judías—y de la revelación de la Palabra de Dios, la Torá—sino que también se les dijo que no "judaizaran". En otras palabras, no sean como los judíos. No sean como

---

[4] *Código Justiniano*, lib. 12:3.
[5] Canon 29, Concilio de Laodicea.

judíos como Abraham, Moisés, Daniel, Ezequiel o Isaías. No sean como judíos como Pedro, Pablo o incluso Jesús. Pablo declaró que los creyentes no judíos estaban *"en otro tiempo vosotros, los gentiles...sin esperanza y sin Dios en el mundo"* (Efesios 2:11–12). Dijo que ahora *"ya no sois extranjeros ni advenedizos, sino conciudadanos de los santos, y miembros de la familia de Dios, edificados sobre el fundamento de los apóstoles y profetas, siendo la principal piedra del ángulo Jesucristo mismo"* (versículos 19–20). Los creyentes gentiles estaban sin familia o pacto con Dios, pero gracias a la sangre de Jesús, fueron *"injertados"* (Romanos 11:17). Ahora, la iglesia estaba diciendo: "los cristianos no judaizarán". Desgraciadamente, esto fue sólo el comienzo.

La persecución judía

¿Alguna vez se ha preguntado por qué el diablo ha trabajado durante miles de años para destruir a Israel y a los judíos? Comenzando en los días de Jesús, el Imperio romano asesinó a miles de judíos, incluyendo a Jesús, para finalmente saquear la misma Jerusalén. Los primeros padres de la iglesia, incluyendo a Eusebio, Cirilo, Crisóstomo, Agustín, Origen, Justino y Jerónimo, todos enseñaron contra los judíos, usando términos odiosos como "asesinos de Cristo". San Juan Crisóstomo (345–407 d.C.), considerado el mayor predicador de la iglesia ortodoxa del Oriente y llamado "el Obispo de la boca dorada", dijo en cierta ocasión:

> Los judíos son los más despreciables de todos los hombres. Son lascivos, avariciosos y rapaces. Son asesinos pérfidos de Cristo. Adoran al diablo; su religión es una enfermedad. Los judíos son los odiosos asesinos de Cristo, y por matar a Dios no hay explicación posible, ni indulgencia ni perdón. Que los cristianos nunca dejen de vengarse y que los judíos vivan en servidumbre para siempre. Dios siempre odió a los judíos. A los cristianos les incumbe odiar a los judíos.[6]

Este tipo de antisemitismo ha existido por todo el mundo durante los últimos mil setecientos años. Durante las Cruzadas, el grito de guerra para los soldados cristianos era: "¡Mata a un judío y salva tu alma!". El

---

[6] Homilía de San Juan Crisóstomo: "Oraciones contra los judíos".

15 de julio de 1099, Jerusalén fue capturada por los cruzados, y la mayoría de la población judía, se estima que entre veinte y treinta mil, fue asesinada.

Durante la Inquisición española (establecida en 1478 y no abolida hasta 1834), los judíos tenían que escoger: salir de España y entregar toda la tierra y propiedades a la iglesia o convertirse al catolicismo. El número total de judíos afectados varía, dependiendo de la fuente, pero el verdadero número está probablemente alrededor de ochenta mil, de los cuales la mitad se fue; la otra mitad, por su necesidad de supervivencia, se convirtió. Esos *conversos* eran el objetivo prioritario de la iglesia y la Inquisición de 1483. Los ciudadanos españoles los convertirían en *marranos*, como les llamaban, que significa "maldito", "condenado" o "cerdo". Eran fáciles de identificar, ya que sólo había que subir a los tejados cualquier sábado, ya que de los hogares judíos no salía humo, a pesar de lo frío que pudiera ser el clima, porque ellos no podían encender fuego en el Shabat.

Martín Lutero, el padre alemán de la Reforma protestante, era muy conocido por sus ideas antisemitas. En 1543 escribió un tratado: "Sobre los judíos y sus mentiras", en el que sostenía que los judíos eran un pueblo "vil y prostituido, es decir, no son el pueblo de Dios, y su orgullo de linaje, circuncisión y ley debe considerarse sucio".[7] Dijo que estaban llenos de las "heces del diablo…en las que se revuelcan como cerdos".[8] Lutero instó a que se prendiera fuego a sus sinagogas y escuelas, que se destruyeran sus libros de oraciones, que los rabinos no pudieran predicar y que las propiedades y dinero fueran confiscados. También sugirió que se les forzara a estar en campos de esclavos o que se les expulsara permanentemente. Al final, dijo: "hacemos mal en no matarlos".[9]

Ideas de este tipo influenciaron generaciones de pensamiento alemán, el cual finalmente ayudó a inflamar a Adolf Hitler y la "Solución final" de los nazis, un intento de exterminar por completo toda la raza judía. ¿Por qué problema se podrían considerar estas bárbaras maquinaciones como una "solución"?

---

[7] Martín Lutero, "On the Jews and Their Lies," citado en Robert Michael, *Holy Hatred: Christianity, Anti-Semitism, and the Holocaust* (New York: Palgrave Macmillan, 2006), 111.

[8] Ibid., 113.

[9] Martín Lutero, "On the Jews and Their Lies," citado en Robert Michael, "Luther, Luther Scholars, and the Jews," *Encounter* 46, no. 4 (Autumn 1985), 343–344.

El "problema" del diablo es la verdadera fe cristiana. ¿Por qué ha intentado durante tantos siglos aniquilar a la raza judía y destruir Israel? Es sencillo: los judíos son los que guardan la Palabra de Dios, son las ramas que brotan de la Raíz. Si Satanás no puede matar la Raíz, ciertamente puede intentar cortar y destruir las ramas. Parte de esta estrategia ha incluido la separación de las ramas injertadas—el cristianismo—del árbol del judaísmo. Aún mejor, él hace que discutan, luchen, se odien e incluso se maten entre sí. Una vez más: "*invalidando la palabra de Dios con vuestra tradición que habéis transmitido. Y muchas cosas hacéis semejantes a estas*" (Marcos 7:13).

El Shabat—un momento santo

Lo más sagrado para Dios no es un lugar geográfico sino un lugar en el tiempo.

Permítame mostrarle otra razón por la cual el Shabat ha sido un blanco tan estratégico para el enemigo. Si le preguntara a usted: "¿Qué es lo más sagrado para Dios?", ¿qué me respondería? ¿La Biblia? ¿La Torá? ¿Jerusalén, su ciudad santa? ¿O quizá el Calvario, el lugar donde Jesucristo, el Cordero de Dios, murió por usted y por mí? Todas esas cosas son maravillosamente sagradas; pero para Dios, ¿qué es lo más sagrado? Quizá lo más sagrado para Dios no es un lugar geográfico sino un lugar en el tiempo. Volvamos de nuevo al libro de Génesis:

Y acabó Dios en el día séptimo la obra que hizo; y reposó el día séptimo de toda la obra que hizo. Y bendijo Dios al día séptimo, y lo santificó, porque en él reposó de toda la obra que había hecho en la creación.

(Génesis 2:2–3)

Según el diccionario *Webster's New Collegiate Dictionary*, *santificar* algo es "apartarlo para un propósito sagrado...purificar...hacer productiva la santidad". Cuando Dios terminó de crear los cielos, la tierra y todas las criaturas, grandes y pequeñas, sólo hubo una cosa a la que Él llamó santa: el séptimo día, el Shabat. Dios "*bendijo al séptimo día y lo santificó*". Si la creación la hubiera hecho yo, probablemente hubiera creado algún tipo de arquitectura "santa", quizá un grandioso templo o un palacio ornamentado para que los creyentes lo visitaran en sus peregrinaciones.

En cambio, Dios nos dio un periodo de tiempo para detenernos y recordarle cada semana. Hubo un tiempo en el que la presencia de Dios habitaba en el tabernáculo de Moisés y en el templo de Salomón. A pesar de lo maravillosos que fueran, eran lugares edificados por manos de hombres que también podían ser destruidos por manos de hombres. El "Tabernáculo del Shabat", no obstante, no fue hecho por manos de hombres sino por las de Dios. El hombre ha intentado destruirlo, pero no puede. Es un lugar secreto, un lugar santo. Es el Lugar Santísimo, en el cual en tiempos se prohibía entrar al hombre pecador, pero que ahora está disponible para todo el que cree porque Jesús rasgó el velo de arriba abajo. Dios llama. Entre y reúnase con Él. ¡El poder milagroso de Dios le espera!

6
"Sígueme"

Cuando Jesús llamaba a personas a que fuesen sus discípulos, lo hacía repitiendo un estribillo: *"Sígueme"*.

Y llamando a la gente y a sus discípulos, les dijo: Si alguno quiere venir en pos de mí, niéguese a sí mismo, y tome su cruz, y sígame.
(Marcos 8:34)

Jesús, oyendo esto, le dijo: Aún te falta una cosa: vende todo lo que tienes, y dalo a los pobres, y tendrás tesoro en el cielo; y ven, sígueme.
(Lucas 18:22)

Mis ovejas oyen mi voz, y yo las conozco, y me siguen. (Juan 10:27)

Si alguno me sirve, sígame; y donde yo estuviere, allí también estará mi servidor. Si alguno me sirviere, mi Padre le honrará. (Juan 12:26)

Sabemos que Jesús no estaba diciendo a la gente simplemente que caminara detrás de Él, sino que estaba instando a sus seguidores a imitar su vida, a ser como Él. Como hijos de Dios, creo que todos estaremos de acuerdo en que nuestro objetivo final es ser como Jesús. Según la *Concordancia Strong's*, parte de la raíz de *seguir* en griego es la palabra para *carretera*. Esto tiene sentido si recordamos que la Torá, la ley de Dios, no es legalismo sino un camino que nos lleva a la bendición de Dios.

La fe de Jesús

Vino a Nazaret, donde se había criado; y en el día de reposo entró en la sinagoga, conforme a su costumbre, y se levantó a leer. (Lucas 4:16)

Aquí vemos a Jesús, pronto en su ministerio, entrando a una sinagoga el Shabat porque era conforme a su costumbre hacerlo. Jesús y su familia eran judíos practicantes que seguían la Torá. Desde su mismo nacimiento, Jesús fue educado conforme todas las enseñanzas y requisitos de la Torá.

Cumplidos los ocho días para circuncidar al niño, le pusieron por nombre JESÚS, el cual le había sido puesto por el ángel antes que fuese concebido. Y cuando se cumplieron los días de la purificación de ellos, conforme a la ley de Moisés, le trajeron a Jerusalén para presentarle al Señor (como está escrito en la ley del Señor: Todo varón que abriere la matriz será llamado santo al Señor). (Lucas 2:21–23)

Un maestro de la Torá

A medida que Jesús crecía, cada año sus padres lo llevaban en un viaje de 140 millas (225 kilómetros) hasta Jerusalén para la Pascua. Cuando tenía doce años, a Jesús le costó dejar el templo para volver a casa.

Iban sus padres todos los años a Jerusalén en la fiesta de la pascua; y cuando tuvo doce años, subieron a Jerusalén conforme a la costumbre de la fiesta. Al regresar ellos, acabada la fiesta, se quedó el niño Jesús en Jerusalén, sin que lo supiesen José y su madre. Y pensando que estaba entre la compañía, anduvieron camino de un día; y le buscaban entre los parientes y los conocidos; pero como no le hallaron, volvieron a Jerusalén buscándole. Y aconteció que tres días después le hallaron en el templo, sentado en medio de los doctores de la ley, oyéndoles y preguntándoles. Y todos los que le oían, se maravillaban de su inteligencia y de sus respuestas. (Lucas 2:41–47)

Incluso a una temprana edad, Jesús tenía un entendimiento firme de la Torá, la Palabra de Dios. *"Entonces él les dijo: ¿Por qué me buscabais? ¿No sabíais que en los negocios de mi Padre me es necesario estar?"* (versículo 49).

Después se refirió al templo como *"la casa de mi Padre"* (Juan 2:16). Cuando fue creciendo y formó su ministerio, sus discípulos, seguidores e incluso los fariseos le llamaban "rabí": maestro de la Torá.

Entre tanto, los discípulos le rogaban, diciendo: Rabí, come.

(Juan 4:31)

Jesús le dijo: ¡María! Volviéndose ella, le dijo: ¡Raboni! (que quiere decir, Maestro). (Juan 20:16)

Había un hombre de los fariseos que se llamaba Nicodemo, un principal entre los judíos. Este vino a Jesús de noche, y le dijo: Rabí, sabemos que has venido de Dios como maestro; porque nadie puede hacer estas señales que tú haces, si no está Dios con él. (Juan 3:1–2)

Jesús y el Shabat

Y entraron en Capernaúm; y los días de reposo, entrando en la sinagoga, enseñaba. (Marcos 1:21)

Jesús llegó a Capernaúm e inmediatamente fue a la sinagoga. ¿Por qué? Era el Shabat.

Y llegado el día de reposo, comenzó a enseñar en la sinagoga; y muchos, oyéndole, se admiraban, y decían: ¿De dónde tiene éste estas cosas? ¿Y qué sabiduría es esta que le es dada, y estos milagros que por sus manos son hechos! (Marcos 6:2)

Jesús y la Pascua

Gran parte del ministerio de Jesús giraba en torno a la celebración de la Pascua.

Estaba cerca la pascua de los judíos; y subió Jesús a Jerusalén.

(Juan 2:13)

El primer día de la fiesta de los panes sin levadura, vinieron los discípulos a Jesús, diciéndole: ¿Dónde quieres que preparemos para que

comas la pascua? Y él dijo: Id a la ciudad a cierto hombre, y decidle:
El Maestro dice: Mi tiempo está cerca; en tu casa celebraré la pascua
con mis discípulos. Y los discípulos hicieron como Jesús les mandó, y
prepararon la pascua. Cuando llegó la noche, se sentó a la mesa con los
doce. (Mateo 26:17–20)

Jesús y los días santos

Jesús guardaba los festivales de otoño, como la fiesta de los Tabernáculos.

Estaba cerca la fiesta de los judíos, la de los tabernáculos....Pero des-
pués que sus hermanos habían subido, entonces él también subió a la
fiesta, no abiertamente, sino como en secreto....Mas a la mitad de la
fiesta subió Jesús al templo, y enseñaba. (Juan 7:2, 10, 14)

En el invierno, Jesús celebraba el Jánuca.

Celebrábase en Jerusalén la fiesta de la dedicación. Era invierno, y
Jesús andaba en el templo por el pórtico de Salomón.
(Juan 10:22–23)

Sé que le estoy dando muchos versículos juntos, pero a medida que miramos más profundamente el poder milagroso del Shabat, quiero que reconozca el "Camino de la Torá" que Jesús pavimentó y por el que caminó para que todo el mundo le siguiera.

Jesús y los milagros Shabat

Claramente, las Escrituras nos enseñan que Jesús no sólo era un judío practicante, sino también que Él y toda su familia seguían fielmente la Torá de Dios. No obstante, cuando Jesús comenzó su ministerio, empezaron a ocurrir cosas sorprendentes. Según el apóstol Juan, los milagros de Jesús fueron tan numerosos que *"si se escribieran una por una, pienso que ni aun en el mundo cabrían los libros que se habrían de escribir"* (Juan 21:25). Sin embargo, de todos esos milagros, los escritores de los Evangelios registraron siete milagros específicos que Jesús hizo en Shabat. Estos son los siete milagros registrados en su orden cronológico probable:

1. Sanidad de un hombre con un espíritu inmundo. (Ver Marcos 1:21–31; Lucas 4:31–37).

2. Sanidad de la suegra de Pedro. (Ver Mateo 8:14–15; Marcos 1:29–31; Lucas 4:38–39).

3. Sanidad de un hombre con una mano seca. (Ver Mateo 12:9–14; Marcos 3:1–6; Lucas 6:6–10).

4. Sanidad de un hombre paralítico en el estanque de Betesda. (Ver Juan 5:1–18).

5. Sanidad de una mujer que tenía un espíritu de enfermedad. (Ver Lucas 13:10–17).

6. Sanidad de un hombre hidrópico. (Ver Lucas 14:1–4).

7. Sanidad de un hombre ciego de nacimiento. (Ver Juan 9:1–16).

Siete milagros escritos se realizaron el séptimo día de la semana—el Shabat—, el día que Dios apartó y santificó desde el comienzo de los tiempos. De hecho, esta era una de las principales razones por la cual los fariseos se enojaron con Jesús y le vigilaron tan de cerca. Para aquellos líderes religiosos, el Shabat estaba reservado para las tradiciones, reglas y normas de los hombres.

Sin embargo, una y otra vez, Jesús realizó esos milagros para demostrar que guardar y recordar el Shabat no tiene nada que ver con el legalismo. Por el contrario, el Shabat era (y es) un tiempo especial señalado por Dios para que su pueblo se reuniese con Él, para que Él pudiera tocar cada área de sus vidas y llevarles a su descanso—*menuhah*—, un tiempo de paz, sanidad y provisión milagrosa.

> **Guardar y recordar el Shabat no tiene nada que ver con el legalismo.**

El Shabat está hecho para servirle y darle el milagro de Dios del reposo. No es una prueba o un aro religioso para que usted salte por él con el fin de agradarle a Él, ni a ninguna otra persona.

El Shabat después de Jesús

Hemos visto muchos ejemplos de las Escrituras de Jesús guardando el Shabat. ¿Y qué ocurre con sus discípulos? ¿Le siguieron en cuanto al Shabat, o cambiaron sus costumbres tras la muerte de Jesús?

> Había un varón llamado José....fue a Pilato, y pidió el cuerpo de Jesús. Y quitándolo, lo envolvió en una sábana, y lo puso en un sepulcro abierto en una peña, en el cual aún no se había puesto a nadie. Era día de la preparación, y estaba para comenzar el día de reposo. Y las mujeres que habían venido con él desde Galilea, siguieron también, y vieron el sepulcro, y cómo fue puesto su cuerpo. Y vueltas, prepararon especias aromáticas y ungüentos; y descansaron el día de reposo, conforme al mandamiento.   (Lucas 23:50, 52–56)

> Cuando pasó el día de reposo, María Magdalena, María la madre de Jacobo, y Salomé, compraron especias aromáticas para ir a ungirle.
> (Marcos 16:1)

Aquí vemos a algunos de los seguidores de Jesús inmediatamente después de su muerte en la cruz ocupándose de la preparación de su entierro y a la vez guardando el Shabat.

Igualmente, a través de todo el libro de Hechos, Pablo y Bernabé guardaron el Shabat mientras plantaban iglesias y predicaban las buenas nuevas:

> Ellos, pasando de Perge, llegaron a Antioquía de Pisidia; y entraron en la sinagoga un día de reposo y se sentaron. Y después de la lectura de la ley y de los profetas, los principales de la sinagoga mandaron a decirles: Varones hermanos, si tenéis alguna palabra de exhortación para el pueblo, hablad.   (Hechos 13:14–15)

> Y un día de reposo salimos fuera de la puerta, junto al río, donde solía hacerse la oración; y sentándonos, hablamos a las mujeres que se habían reunido.   (Hechos 16:13)

> Y Pablo, como acostumbraba, fue a ellos, y por tres días de reposo discutió con ellos.   (Hechos 17:2)

Y discutía en la sinagoga todos los días de reposo, y persuadía a judíos y a griegos. (Hechos 18:4)

Así, guardar y recordar el Shabat no pasó de moda con la muerte de Jesús, más bien todo lo contrario, pues parece como si fuera el centro de la vida de la predicación de los apóstoles.

Una vez más, no estoy sugiriendo que usted encuentre otra iglesia que se reúna los sábados. Simplemente estoy sugiriendo que usted comience a permitir que Dios toque su vida de una manera especial el Shabat, como lo hicieron Jesús y sus discípulos.

Una sombra de lo que vendrá

Como ya he mencionado antes, guardar el Shabat no es legalismo, sino un regalo de Dios, un día que Él mismo bendijo.

Toda buena dádiva y todo don perfecto desciende de lo alto, del Padre de las luces, en el cual no hay mudanza, ni sombra de variación. (Santiago 1:17)

Como la Biblia está llena de los milagros de sanidad que Jesús hizo a propósito en Shabat, y como nosotros también sabemos por las Escrituras que un día ya no habrá más enfermedad, hambre o lágrimas, ¿podría ser que Dios haya provisto este día en su reposo—*menuhah*—como una breve vislumbre o sabor de lo que llegará a todos nosotros a través de Jesús?

Por tanto, nadie os juzgue en comida o en bebida, o en cuanto a días de fiesta, luna nueva o días de reposo, todo lo cual es sombra de lo que ha de venir; pero el cuerpo es de Cristo. (Colosenses 2:16–17)

Yo no sé a usted, pero a mí siempre me enseñaron que Pablo estaba diciendo: "No deje que nadie le diga lo que no puede comer, que guarde los días santos, o le intente 'judaizar' guardando el Shabat". Quizá a usted le enseñaron algo similar. Ya quedó claro que esos mandamientos no eran para los cristianos porque ya no estábamos *"bajo la maldición"* (Gálatas 3:10) de la ley. ¿Qué nos estaba diciendo Pablo en Colosenses? Para descubrirlo, volvamos unos pocos versículos atrás:

*Por tanto, de la manera que habéis recibido al Señor Jesucristo, **andad en él**; arraigados y sobreedificados en él, y confirmados en la fe, así como habéis sido enseñados, abundando en acciones de gracias. Mirad que nadie os engañe por medio de filosofías y huecas sutilezas, según las tradiciones de los hombres, conforme a los rudimentos del mundo, y no según Cristo.* (Colosenses 2:6–8, énfasis añadido)

"Andad en él", dijo Pablo. "Síganle; hagan lo que Él hizo; sirvan a Dios como Él lo hizo". ¿Cómo caminó Jesús? Una de las formas en que caminó fue guardando y recordando el Shabat, y celebrando la Pascua y otros días santos, como hicieron sus discípulos. Pablo instó a sus lectores a no dejar que *"la tradición de los hombres"*—que finalmente incluiría el Concilio de Nicea—cambiara la manera en que ellos caminaban en Cristo. Luego, en los versículos 16 y 17, dijo que no dejaran que nadie *"les juzgara"* por comer lo que Jesús comió o por celebrar la Pascua y guardar el Shabat como lo hizo Jesús. Según Pablo, estas cosas son *"sombra de lo que ha de venir"* (versículo 17).

> **El Shabat, este reposo milagroso que se nos da cada semana, es una sombra de las realidades del cielo.**

Mientras estoy sentado en mi despacho escribiendo estas palabras, la sombra de mi mano cubre parte del papel. Esa sombra es la que proyecta mi mano, no una copia o falsa versión de mi mano. Cuando usted ve una sombra que llega al otro lado de la esquina, es una imagen de la cosa real que viene. El Shabat, este reposo milagroso que se nos da cada semana, es una sombra de las realidades del cielo.

El rabino Abraham Heschel fue un rabino norteamericano nacido en Varsovia, Polonia, que fue considerado uno de los mejores teólogos judíos del siglo XX. Una vez escribió, en relación con el Shabat: "La esencia del mundo que vendrá es un Shabat eterno, y el séptimo día en el tiempo es un ejemplo de la eternidad… una probada del mundo que vendrá".[10] La palabra para *novia* en hebreo es la palabra *kallah*. En la literatura judía, a menudo se hace referencia al Shabat como "la novia Shabat". La imagen de una novia es amor,

---

[10] Abraham Heschel, *The Sabbath* (New York: Farrar, Straus and Giroux, 1951), 74.

devoción y gozo. Es un sentimiento interno. Este sentimiento se renueva y refresca cada Shabat.

Una de las cosas que más me gusta hacer es llevar a gente a Israel. Siempre llevo grupos al mar de Galilea primero. Tras cuatro o cinco días, me gusta ver las expresiones en los rostros de la gente cuando comenzamos a subir las colinas de Judea para acercarnos a Jerusalén. Siempre hago coincidir nuestra entrada en la ciudad santa de Dios con el momento en que la gente se está preparando para el Shabat. Es un tiempo sobrenatural. Toda la ciudad se prepara para la Novia Shabat, y es algo tremendo. Si alguna vez puede experimentarlo, es algo que cambiará su vida.

Un dicho que les enseñan a muchos niños judíos y cristianos, incluyendo a mis propios hijos y nietos, dice así: "Recuerden, niños, los días pasan velozmente. El Shabat santo se acerca y llama a la puerta". Al comienzo de la Palabra de Dios, en Génesis, se nos da un día bendito y santificado en el que podemos encontrar nuestro reposo en Él. Es un adelanto del poder milagroso de Dios. Al final de la Palabra de Dios, en Apocalipsis, Jesús nos dijo,

He aquí, yo estoy a la puerta y llamo; si alguno oye mi voz y abre la puerta, entraré a él, y cenaré con él, y él conmigo. (Apocalipsis 3:20)

También se nos dijo que el Shabat nos permite tocar el borde del mundo venidero. Qué recordatorio tan bello de la mujer con el flujo de sangre que tocó el borde del manto que vestía Jesús: el Señor del Shabat.

Entonces Jesús dijo: ¿Quién es el que me ha tocado?...Alguien me ha tocado; porque yo he conocido que ha salido poder de mí.
(Lucas 8:45–46)

Quizá usted sea como esta mujer que padeció una enfermedad durante doce años. Había visto a muchos doctores, y nada le había dado su anhelado alivio. Jesús, el Señor del Shabat, sigue pasando. Dios está listo para liberar el milagro que el Señor tiene para usted, *ahora mismo*. A Él le agrada dar a sus hijos una probada de todas las bendiciones que un día serán nuestras para toda la eternidad. Este viernes por la noche—el Shabat—, ¿por qué no va y toca el borde del manto de Jesús?

Probablemente se esté preguntando: *¿Cómo hago yo eso? ¿Por dónde empiezo? ¿Qué ocurre si me equivoco?* Recuerde: el Shabat no es legalismo; no se trata de una lista que lo que hacer y lo que no hacer. Es un día especial, un tiempo señalado. Es un tiempo en que el Señor quiere tocar todo aquello en lo que usted ha estado trabajando y orando durante la semana. Cuando el sol se oculte la noche del viernes, simplemente deténgase y diga:

> Señor, en este instante, doy la bienvenida a la paz del Shabat (*Shabat shalom*) en mi vida, mis hijos, mi matrimonio, mi economía, mi salud y mi futuro.

Comenzará a sentir una paz sobrenatural, y comenzará a experimentar el poder milagroso de Dios. Tras este pequeño paso, no tengo duda de que querrá profundizar y aprender más. Mujeres, ustedes querrán aprender, como esposas y madres, cómo Dios les usa para encender las velas del Shabat y decir la oración del Shabat para que la luz de Dios brille siempre, independientemente de lo oscuro que esté fuera de sus hogares.

En el capítulo siguiente, entraré en la celebración del Shabat en detalle. En nada de tiempo, usted puede estar declarando la bendición de Dios sobre su matrimonio, profetizando el plan de Dios sobre sus hijos, dando la bienvenida al gozo de Dios en su hogar, y liberando la doble porción de Dios sobre su economía. Únase a nosotros y experimente el milagro del *Shabat shalom*, o la paz del Shabat.

7

Un Shabat cristiano

A l acercarnos al Shabat, debo recordarle algo que me dicen mis amigos rabinos: "Nunca es todo o nada". En otras palabras, si hace usted una cosa mal, no arruina la integridad del Shabat. Ese Shabat fue diseñado para usted, y no es su responsabilidad desarrollar a la perfección algún ritual a fin de agradar a Dios. Anteriormente, explicaba que una de las razones por las que guardamos el Shabat se debe a que es uno de los Diez Mandamientos en el que Dios dijo que lo guardásemos y lo santificásemos. Hemos visto que Jesús y sus discípulos guardaban el Shabat, y hemos aprendido cómo el escritor de Hebreos nos enseñó a ser diligentes en entrar en este reposo del Shabat porque algunos se lo pierden. Desgraciadamente, muchos de nosotros nos lo hemos perdido porque nadie nos ha enseñado. Como dije al principio, no es la verdad la que nos hace libres, sino que es la verdad que sabemos y entendemos la que nos hace libres.

La mesa del Shabat está preparada para la cena con unos cuantos artículos específicos para nuestra celebración, cada uno de los cuales pasaré a explicar: una caja tzedaká, dos velas, una copa o vaso lleno hasta el borde con vino o zumo de uva, el pan jalá y un salero.

Preparativos

Déjeme decir en este momento que Shabat no es una reunión de iglesia solemne, sino una celebración de las bendiciones de Dios. Cuando comienza el Shabat, uno no puede estar triste o serio. Es un tiempo para estar lleno de vida. No se preocupe, por tanto, porque sus hijos estén corriendo alrededor o riéndose y jugando. Usted está liberando el gozo y la bendición del Shabat sobre su familia. Este es un tiempo que su familia debería valorar y anticipar, no un tiempo que teman que llegue.

Estos son los artículos que debería poner en su mesa antes de que se oculte e sol:

+ una cajita u otro recipiente para monedas
+ dos candeleros
+ una copa o vaso de cristal llena hasta el borde de vino tinto o zumo de uva
+ un bol de agua
+ pan *jalá* (pregunte en su panadería, pero sirve cualquier pan)
+ un salero
+ la comida familiar favorita

La bendición

Cuando empieza a anochecer el viernes, yo me pongo un pequeño sombrero llamado *yarmulke* en la cabeza. También se le llama *kipá*, o "solideo". Es simplemente un símbolo que significa que estoy honrando la cobertura de Dios sobre mi familia. No tiene usted que llevar uno puesto, pero yo lo hago. Cuando empieza a descender el sol, nuestra familia se reúne, de pie alrededor de la mesa, e "invocamos" la bendición del Shabat. Como ocurre con todas estas oraciones y bendiciones, no hay una liturgia específica a seguir. Daré algunos ejemplos de mi familia, pero siéntase libre para crear sus propias bendiciones y oraciones personalizadas. Para nuestros propósitos, repetiré la bendición del Shabat del último capítulo.

Señor, en este instante, doy la bienvenida a la paz del Shabat (*Shabat shalom*) en mi vida, mis hijos, mi matrimonio, mi economía, mi salud y mi futuro.

La caja tzedaká

En nuestra familia, después ponemos algo de dinero en una caja tzedaká. La Biblia dice: *"Instruye al niño en su camino, y aun cuando fuere viejo no se apartará de él*" (Proverbios 22:6). Como aprendimos anteriormente, Jesús enseñó que los dos grandes mandamientos son amar a Dios y a amar al prójimo, para que sepan que le pertenecemos a Él. También aprendimos que *tzedaká* es la palabra hebrea para "caridad" o "justicia". En Deuteronomio dice: *"La justicia, la justicia seguirás"* (Deuteronomio 16:20). Una traducción más precisa sería: "Tzedaká, tzedaká perseguirás".

La caja tzedaká es un recipiente pequeño en el que los niños del hogar pueden donar porciones de sus pagas para ayudar a otros. Algunas de estas cajas están decoradas o hechas a mano; otras son de cartón. Piense en ello como en un cerdito de hucha para donativos. Nuestra familia contribuye cada Shabat, durante todo el año. Luego, cuando vemos a alguien de la iglesia o del vecindario que tiene necesidad, usamos ese dinero para ayudarle.

Es una oportunidad para enseñar a nuestros hijos lo que dice la Escritura: *"A Jehová presta el que da al pobre, y el bien que ha hecho, [Dios] se lo volverá a pagar"* (Proverbios 19:17). ¡Qué gran lección para inculcar a sus hijos! Se sorprenderá de lo mucho que aportarán de sus pagas cuando experimenten la bendición de ayudar a otros que tienen necesidad. Nos recuerda a todos que no basta sólo con amar a Dios; también debemos amar a nuestro prójimo, no sólo de palabra, sino también practicándolo y haciendo algo tangible.

> **No basta sólo con amar a Dios; también debemos amar a nuestro prójimo.**

Encender las velas

Después, las mujeres de la casa encienden las velas del Shabat. Se preguntará por qué son las mujeres quienes lo hacen. Como escribe la mujer de un rabino: "Cuando una mujer enciende las velas del Shabat reconoce que las mujeres desde Eva han sido agentes de unidad y visionarias de paz, conectadas a Dios vía las llamas semanales que encienden".[11] Si no hay una mujer en casa, entonces un hombre puede encenderlas. Cuando estoy de viaje yo solo, por ejemplo, enciendo yo mismo las velas del Shabat.

---

[11] Lean Kohn, "Women and Shabbat Candles," http://www.torah.org/learning/women/class20.html.

Se encienden dos velas. Una representa la paz; la otra representa la bendición, y nos recuerdan que no importa la oscuridad que haya afuera, cuando Dios está en tu vida, su luz siempre brillará. Después de encender las velas, la mujer (o quien las encienda) mueve su mano sobre ellas tres veces para dar la bienvenida al poder de Dios, dando entrada específicamente a la luz, salud y prosperidad de Dios en el hogar y la familia.

Tras encender las velas, la mujer pone su mano sobre sus ojos y toma un momento para orar. Los rabinos nos enseñan que, en este momento, Dios está muy agradecido por las mujeres, que ahora están más cerca de Él que en cualquier otro momento. La mujer que encendió las velas hace entonces una oración por lo que haya en su corazón. Puede ser una oración por su hogar, matrimonio, hijos o cualquier otra cosa. En el momento en que ella abre sus ojos, comienza oficialmente el Shabat, y es liberada una doble porción de unción.

Ángeles ministradores

Lo que hacemos después es acordar en oración liberar los ángeles del Shabat que Dios ha asignado a nuestra familia y a nuestros hijos. Hebreos nos dice:

> Pues, ¿a cuál de los ángeles dijo Dios jamás: Siéntate a mi diestra, hasta que ponga a tus enemigos por estrado de tus pies? ¿No son todos espíritus ministradores, enviados para servicio a favor de los que serán herederos de la salvación? (Hebreos 1:13–14)

En la tradición judía, se le pregunta a un rabino: "El Señor creó todo y bendijo la tierra, y luego creó al hombre, y luego creó el Shabat para traer bendición sobre el hombre. ¿Qué está haciendo Dios ahora?". Y el rabino responde: "Desde ese día, Dios está construyendo peldaños para conectarte a ti y a mí con todas sus bendiciones".

Esto hace referencia al sueño que tuvo Jacob, narrado en Génesis. En el sueño, *"una escalera que estaba apoyada en tierra, y su extremo tocaba en el cielo; y he aquí ángeles de Dios que subían y descendían por ella"* (Génesis 28:12). Los ángeles son los espíritus ministradores para quienes *"heredan la salvación"*. Por tanto, al entrar en el Shabat, mi oración es:

Padre, sabemos que tu Palabra dice que tenemos ángeles que son espíritus ministradores. Yo libero a esos ángeles sobre todo tu pueblo en el norte, sur, este y oeste. Libero tus ángeles del Shabat; libero los ángeles de Dios para guiarnos, dirigirnos y protegernos. Oro para que sean nuestra guardia frontal y nuestra retaguardia, y que estén con nuestros hijos, familias y nietos. Camina con nosotros. Padre, te alabamos por esta revelación, en el nombre de Jesús. Amén.

Bendición para la esposa o madre

Lo siguiente que hago es declarar una bendición que honre a mi esposa delante de sus hijos y nietos. Este puede ser un momento espiritual increíblemente significativo en su matrimonio y familia. Como parte de su bendición, si quiere puede leer en voz alta de los Proverbios:

Mujer virtuosa, ¿quién la hallará? Porque su estima sobrepasa largamente a la de las piedras preciosas. El corazón de su marido está en ella confiado, y no carecerá de ganancias. Le da ella bien y no mal todos los días de su vida. Busca lana y lino, y con voluntad trabaja con sus manos. Es como nave de mercader; trae su pan de lejos. Se levanta aun de noche y da comida a su familia y ración a sus criadas. Considera la heredad, y la compra, y planta viña del fruto de sus manos.

(Proverbios 31:10–16)

Mujeres, este es su argumento bíblico que demuestra que las mujeres pueden desarrollarse en los negocios. Las mujeres no sólo están para cocinar, limpiar y criar hijos; también pueden traer prosperidad al hogar. Continuemos:

Ciñe de fuerza sus lomos, y esfuerza sus brazos. Ve que van bien sus negocios; su lámpara no se apaga de noche. Aplica su mano al huso, y sus manos a la rueca. Alarga su mano al pobre, y extiende sus manos al menesteroso. No tiene temor de la nieve por su familia, porque toda su familia está vestida de ropas dobles. (versículos 17–21)

La palabra *nieve* aquí se refiere a la muerte. Dios cubre a su familia para que ningún ángel de la muerte venga contra ellos: *"porque toda su familia está vestida de ropas dobles"*. La muerte no puede tocarles, porque ella cubre su casa cada día con la sangre. En el Antiguo Testamento, era la sangre del cordero de la Pascua. En el Nuevo Testamento, es la sangre del Cordero de Dios, Jesucristo, lo que nos cubre.

> *Ella se hace tapices; de lino fino y púrpura es su vestido. Su marido es conocido en las puertas, cuando se sienta con los ancianos de la tierra. Hace telas, y vende, y da cintas al mercader.* (Proverbios 31:22–24)

Muchos judíos creen que esto es una referencia al talit, que pasa de padre a hijo.

> *Fuerza y honor son su vestidura; y se ríe de lo por venir. Abre su boca con sabiduría, y la ley de clemencia está en su lengua. Considera los caminos de su casa, y no come el pan de balde. Se levantan sus hijos y la llaman bienaventurada; y su marido también la alaba: Muchas mujeres hicieron el bien; mas tú sobrepasas a todas. Engañosa es la gracia, y vana la hermosura; la mujer que teme a Jehová, ésa será alabada.*
> (versículos 25–30)

Hombres, en este día y era, qué oportunidad es esta para que sus hijos y nietos le vean orar por su esposa. En este momento, normalmente le pido a mi familia que se tome de las manos alrededor de la mesa mientras oro una bendición sobre Tiz:

> Padre, gracias por Tiz. Gracias por traerla a nuestras vidas. Gracias por permitir haberme casado con ella. Gracias por darme a Tiz como la madre de nuestros hijos. Gracias porque ella ahora es *nana*, la abuela de nuestros nietos y los hijos que todavía han de venir. Padre, te alabo. Qué regalo es ella para mi vida y para tu reino. Qué honor trae ella a tu nombre y al mío. Padre, cubro a Tiz con larga vida, salud divina y tu destino, porque ella no sólo es una luz en el mundo, sino también una luz en mi vida y en nuestra familia. En el nombre de Jesús te doy las gracias. Amén.

Bendición para el esposo o padre

Luego, la esposa puede declarar una bendición sobre su esposo. De nuevo, estas no son reglas duras y estrictas. Muchas familias, por una u otra razón, quizá no reflejan la estructura de una "familia nuclear" tradicional. En tales casos, sea creativo y ore como Dios le dirija.

Considere el Salmo 112, que describe a un hombre de Dios. Cuando yo lo leo, comienzo a ponerme nervioso, pues es un estándar bastante elevado. Como hombres, sin embargo, es una meta que vale la pena.

Aleluya. Bienaventurado el hombre que teme a Jehová, y en sus mandamientos se deleita en gran manera. Su descendencia será poderosa en la tierra; la generación de los rectos será bendita. Bienes y riquezas hay en su casa, y su justicia permanece para siempre. Resplandeció en las tinieblas luz a los rectos; es clemente, misericordioso y justo. El hombre de bien tiene misericordia, y presta; gobierna sus asuntos con juicio, por lo cual no resbalará jamás; en memoria eterna será el justo. No tendrá temor de malas noticias; su corazón está firme, confiado en Jehová. Asegurado está su corazón; no temerá, hasta que vea en sus enemigos su deseo. Reparte, da a los pobres; su justicia permanece para siempre; su poder será exaltado en gloria. Lo verá el impío y se irritará; crujirá los dientes, y se consumirá. El deseo de los impíos perecerá.

(Salmo 112)

En nuestra celebración del Shabat, Tiz hace una oración más o menos como esta:

Padre, gracias por Larry. Gracias por habérmelo dado por esposo, como padre de nuestros hijos, y ahora como abuelo de nuestros nietos. Padre, gracias por su amor, su corazón y su generosidad y amabilidad hacia nuestra familia. Gracias por este regalo que nos has dado, por haberlo levantado como un hombre conforme a tu corazón. Padre, gracias porque tú le guiarás, dirigirás, y le darás tu sabiduría continuamente para dirigir a esta familia y para hacer todo lo que tú le has llamado a hacer. Señor, te pido que le unjas, que le des tus habilidades. Equípalo por dentro y por fuera para ser el hombre, el padre, el esposo y el líder que tú le has llamado a ser. Le bendigo, en el nombre de Jesús. Amén.

Bendición para los hijos y otros miembros de la familia

Después, profetice sobre sus hijos, sus nietos, sus hijas y sus nietas. Jesús prometió: *"Otra vez os digo, que si dos de vosotros se pusieren de acuerdo en la tierra acerca de cualquiera cosa que pidieren, les será hecho por mi Padre que está en los cielos"* (Mateo 18:19). El objetivo aquí es que todos estemos de acuerdo con lo que Dios ha dicho, y no con lo que las circunstancias o la gente pueda sugerir. La Biblia nos dice que Dios santificó el Shabat. Ya vimos la definición de *santificar*, pero en hebreo denota un matrimonio. La idea era que en el Shabat, nos casamos con Dios y con sus bendiciones. Por tanto, cuando usted bendice a sus hijos y nietos, les está "casando" con las promesas y bendiciones de Dios. Lo que Dios juntó, ¡no lo separe el hombre! (Ver Marcos 10:9).

Para mantener la bendición de los niños tradicional del Shabat, voy a cada uno de mis hijos, yernos y nueras y nietos, e impongo las manos sobre cada uno de ellos, diciendo: "Que éste sea como Efraín y Manasés". Esta es una bendición tradicional judía que se refiere a cuando Jacob estaba a punto de morir y le pidió a José que bendijera a sus dos hijos mayores delante de su abuelo. José dijo: *"En ti bendecirá Israel, diciendo: Hágate Dios como a Efraín y como a Manasés. Y puso a Efraín antes de Manasés"* (Génesis 48:20). Efraín y Manasés eran dos hijos que servían a Dios. Eran hermanos que no se peleaban entre sí. Ellos no partieron la herencia, yéndose uno por los caminos de Dios y el otro por el camino erróneo. Esto ha permanecido como la bendición judía de los hijos desde entonces.

Los rabinos enseñan que usted puede susurrar algo en el oído de su hijo; ¡y no se olvide de sus yernos y nueras! Nosotros lo hacemos aunque nuestros hijos no estén con nosotros, que es el caso con la mayoría de los hijos mayores, casados y con familias propias. Nosotros seguimos diciendo algo positivo de ellos. Yo digo lo orgulloso que estoy de ellos, lo contento que estoy de que estén sirviendo a Dios, y específicamente, lo contento que estoy de que Dios haya traído a Brandon a nuestras vidas para ser el esposo de nuestra hija y el padre de nuestros nietos. Usted está profetizando lo que Dios dice sobre sus hijos. Si sus hijos no conocen a

> **No deje que lo que ve en lo natural afecte aquello por lo que ora en su espíritu.**

Dios, profetice sobre el día en que le conocerán. No deje que lo que ve en lo natural afecte aquello por lo que ora en su espíritu. Dios ve a sus hijos. Él dice que usted y su familia serán salvos.

Después, bendiga a sus hijas, nueras o nietas. Pida que sean como Rebeca, Sara, Raquel y Lea: las mujeres poderosas de Dios en las Escrituras. Ellas fueron mujeres que tuvieron una gran unción, honor y destino en Dios. Susurre algo a sus oídos sobre lo orgulloso que está de ellas y lo honrado que se siente por tenerlas en su vida. En el caso de nuestra hija Katie, nos ponemos de acuerdo y le damos gracias a Dios por el esposo que estamos pidiendo para ella.

En esta época, usted ya no puede salir y concertar un matrimonio para su hija, pero puede arreglar uno a través de la oración en el reino del cielo. El día en que nació nuestra hija Anna, comenzamos a orar por un buen esposo para ella. Ya estábamos orando por Brandon, su esposo, antes de saber que sería él. En el momento en que nuestro hijo Luke nació, comenzamos a orar por su esposa. Eso significa que estábamos orando por Jen, su esposa, antes incluso de que ella naciera. Aunque Katie aún no está casada, estamos orando a diario por su esposo. Nosotros no vamos a dejar el destino de nuestros hijos o nietos en las manos de este mundo, sino que estamos poniendo sus vidas en las manos de Dios al establecer un acuerdo profético sobre ellos.

Padre, te damos gracias por nuestros hijos, nietos y yernos, para que sean como Efraín y Manasés. Te damos gracias por nuestras hijas, nietas y nueras, para que sean como Rebeca, Raquel, Lea y Sara. Padre, liberamos sobre nuestros hijos tu destino divino. Liberamos sobre ellos no sólo el destino divino, sino también sanidad divina, larga vida y prosperidad divina. Liberamos sobre ellos tu Espíritu. Padre, llamamos a nuestros hijos y nietos desde el norte, el sur, el este y el oeste, y los cubrimos con tu reino. Padre, que nuestros hijos y nietos traigan honor a tu nombre; que traigan honor a tu reino. Que honren a Israel y al pueblo de Israel. Que honren el nombre de nuestra familia. Padre, rompemos toda maldición que intentara obstaculizar o retrasar tu bendición. Padre, te agradecemos el que todos nuestros hijos y todos nuestros nietos estén cubiertos por la sangre de tu Hijo y por tu Espíritu. Te damos toda la alabanza y toda la gloria en el nombre de Yeshúa, en el nombre de Jesús nuestro Mesías. Amén.

Kidush

Después, se recita el *Kidush* sobre una copa de vino o zumo de uva. De nuevo, el Shabat es un tiempo de gran gozo, no de solemnidad. El vino es símbolo de gozo. El primer milagro que Jesús hizo fue convertir el agua en buen vino en una celebración de bodas. Eso fue un símbolo de las formas en que Dios trae vida y quiere convertir la tristeza del mundo en gran gozo. En los hogares judíos tradicionales, se recita sobre una copa de plata, pero valdría cualquier tipo de vaso. Para el Kidush, se llena la copa hasta el borde, casi rebosando, porque el gozo de Dios se desborda. El gozo del Señor es su fortaleza. (Ver Nehemías 8:10). Al tomar el Kidush, alabamos a Dios por su gozo, y atamos todo lo que quiera robar nuestro gozo. ¿Hay algo que esté intentando robar su gozo? ¿Hay algo que esté intentando robar la felicidad que Dios pagó mediante la sangre de su Hijo, Jesús? En el Shabat, lo reprendemos y liberamos las bendiciones de Dios en cada área de la vida.

Padre, te damos gracias por el mandamiento. Padre, reprendo todo espíritu que esté intentando robar el gozo de nuestras vidas, de nuestros hogares, de nuestros matrimonios y de nuestras familias. Satanás, en el nombre de Jesús, estás atado, eres expulsado y libero un gozo inexplicable en cada familia, cada matrimonio, cada situación entre un padre y su hijo, una madre y su hija. Libero ese gozo, y rompo el espíritu que roba la economía o trae enfermedad en un intento de robarnos nuestro gozo. Padre, estamos reconectados a las promesas de Dios. Somos adoptados en la familia del pacto de Abraham, y lo recibimos, no uno de estos días, sino ahora mismo. Que todo ese gozo sea liberado, en el nombre de Jesús. Amén.

Lavado de manos

Después, el padre o esposo se lava las manos en un recipiente de agua sobre la mesa. ¿Por qué nos lavamos las manos? El agua simboliza poder divino y sabiduría. Estamos así lavando y quitando los límites de este mundo. Los techos de nuestras vidas son quitados para que Dios pueda *"hacer todas las cosas mucho más abundantemente de lo que pedimos o entendemos, según el poder que actúa en nosotros"* (Efesios 3:20). Cuando lava sus manos, Dios endereza su camino, y le dará sabiduría y poder divinos para que todo aquello sobre lo que ponga sus manos prospere. (Ver Deuteronomio 28:8). No importa quién sea usted, no importa dónde viva, usted está quitando las limitaciones de este mundo. Puede que vivamos en este mundo, pero las limitaciones de este mundo no están sobre

> **Puede que vivamos en este mundo, pero las limitaciones de este mundo no están sobre ninguno de nosotros.**

ninguno de nosotros porque hemos nacido de nuevo y hemos sido redimidos por la sangre de Jesucristo. Lavamos nuestras manos porque es nuestra parte en nuestro pacto con Dios.

El pan *Jalá*

Al entrar en la comida del Shabat, primero comemos el pan *jalá*. Este tipo de pan se puede encontrar en casi todas las panaderías hoy día. Parece un pan de molde empanado. Claro, si no puede encontrar el auténtico jalá, servirá cualquier tipo de pan. El pan jalá simboliza la prosperidad. Permítame decirle algo: la prosperidad no es algo malo. La avaricia es mala; la prosperidad es una bendición y es de Dios. De igual modo que sus deseos de que sus hijos prosperen son nobles y honorables deseos, el deseo de Dios es que sus hijos se desarrollen y prosperen.

El pan jalá tiene una cubierta—normalmente un plato o toalla—por encima y por debajo. Esto simboliza el tiempo en el que Dios le daba a Israel el maná en el desierto. La enseñanza clásica rabínica sugiere que el maná en el desierto tenía una capa de rocío por encima y por debajo. Según los rabinos, era una cobertura sobrenatural, un toque sobrenatural de Dios.

El rocío aportaba sabor. ¿Se imagina comer lo mismo todos los días? Afortunadamente, nuestro Dios no se preocupa sólo de la calidad de la eternidad, sino también del sabor de nuestras vidas en la tierra. El salmista escribió: *"Gustad, y ved que es bueno Jehová"* (Salmo 34:8). Jesús dijo: *"yo he venido para que tengan vida, y para que la tengan en abundancia"* (Juan 10:10). Conocer a Dios no es algo soso. Conocer a Dios tiene un gran sabor. Conocer a Dios es muy emocionante. Cuando me convertí al cristianismo, pensaba que Dios me iba a quitar la vida, y lo que descubrí fue que Él no vino para quitarme mi gozo sino para traer gozo a mi vida.

La capa de rocío encima del maná servía de protección. La nación de Israel estaba en el desierto, donde el sol era intenso y devoraba todo lo que no estuviera cubierto. De igual modo, Dios no sólo nos bendecirá, sino que también reprenderá al devorador. El rocío cubría el maná para proteger la bendición de los israelitas a fin de que nada en este mundo pueda robársela.

Justamente antes de la comida del Shabat, tome el pan jalá y levántelo. Para los judíos, esto es un recordatorio de la provisión de Dios en el desierto. Para el cristiano, es un recordatorio de Jesús cuando dijo: *"Y yo, si fuere levantado de la tierra, a todos atraeré a mí mismo"* (Juan 12:32). Es más que el hecho de que Jesús sea levantado en la cruz. Es el poder resucitador de Dios siendo liberado y resucitando a Cristo de los muertos. Es el milagro de la ascensión de Cristo al cielo, donde va a preparar un lugar para nosotros. A través del pan jalá, Dios nos libera el poder de su resurrección; por tanto, decimos que se llama el *hamotzi* sobre el pan. Levántelo al aire y diga:

Padre nuestro que nos das el pan de la tierra para nuestra provisión, recibo una doble porción de tu bendición sobre mi vida en cada área, en el nombre de Jesús, en el nombre de Yeshúa, nuestro Mesías. Amén.

Rociando la sal

Después, tome una pizca de sal y rocíela sobre el pan. En el templo, el sumo sacerdote siempre rociaba sal sobre los holocaustos. Usted es el "sumo sacerdote" de su hogar, y todo lo que toca está bendecido por Dios, ordenado para tener la unción de Él sobre ello. Puede que usted y yo estemos en este mundo, pero no estamos limitados a este mundo. Rocíe la sal y diga:

La enfermedad no vendrá a nuestro hogar. La pobreza, el divorcio y las drogas no entrarán en nuestro hogar. Lo reprendemos, y recibimos el *Shabbat shalom*: la paz Shabat. Nada falta, y nada se rompe en este lugar.

El menú del Shabat

Recuerde las palabras del rabino al comienzo de este capítulo: "Nunca es todo o nada". No hay una forma errónea de dar la bienvenida al Shabat. Partiendo de esto, el menú de su comida realmente no importa. No es necesario que usted experimente con los platos tradicionales judíos como el pescado gefilte, las bolas matzah, brisket y kugel; a menos que tenga curiosidad, claro. Es probablemente mejor servir platos que le gusten a su familia y que estén asociados a momentos significativos que pasen juntos. Haga pizza, si prefiere. Recuerde: *"Por tanto, nadie os juzgue en comida o en bebida, o en cuanto a días de fiesta, luna nueva o días de reposo"* (Colosenses 2:16).

> **"Nunca es todo o nada". No hay una forma errónea de dar la bienvenida al Shabat.**

Lo que importa es que cada viernes al atardecer, cuando el sol comience a ocultarse, usted reúna a su familia. Si no están con usted, declare bendiciones sobre ellos al recibir el Shabat y disfrute ese tiempo tan especial del Señor, un tiempo que Él ha apartado para usted.

¿Tenemos que hacerlo? No.

¿Vamos a hacerlo? Sí.

Este es un testimonio de una pareja de Nuevos Comienzos que ha descubierto las bendiciones de Dios a través de sus raíces judías:

Las bendiciones del Shabat liberadas

Comenzamos nuestro viaje en Nuevos Comienzos sólo cuatro meses después de que abriera la iglesia en Dallas. Veníamos de una iglesia donde muchas de las enseñanzas eran sobre el fuego del infierno y la perdición. Nos enseñaron que Dios nos amaba, pero que si nos salíamos de la voluntad de Dios, Él nos haría algo a nosotros o a nuestros seres queridos para llamar nuestra atención.

Estábamos luchando económicamente y habíamos perdido casi todo lo que teníamos. Yo estaba sufriendo una depresión y tenía una baja autoestima. Mi esposo, James, luchaba con problemas de ira. Como pareja interracial, también teníamos que lidiar con la parte fea del racismo, tanto por parte de nuestras familias como por parte del mundo.

A pesar de todo, todavía nos amábamos, amábamos a nuestras familias, y sobre todo, amábamos a nuestro Dios. Sabíamos que tenía que haber algo más de Dios y su Palabra de lo que nos estaban enseñando.

Pronto descubrimos las enseñanzas del pastor Larry sobre las raíces judías del cristianismo. Asistimos a una conferencia donde oímos mensajes refrescantes y alentadores sobre lo mucho que Dios nos ama. Fuimos capaces de tratar las maldiciones de contentamiento y fracaso que había en nuestras vidas. También aprendimos sobre el Shabat, y ahora, cada viernes, guardamos el Shabat, dando la bienvenida al Espíritu de Dios en su tiempo señalado, y declaramos su Palabra y sus promesas para nosotros, nuestras familias y nuestros negocios. Terminamos nuestra semana con un pensamiento positivo, y comenzamos nuestra semana con un pensamiento positivo, dando gracias a Dios por su bondad. La Palabra de Dios se ha hecho viva y emocionante. La manifestación de Dios obrando en nuestras vidas ha sido milagrosa.

Hemos descubierto de primera mano la verdad de que Dios puede hacer en nuestra vida sólo lo que le permitimos hacer a través de nuestro entendimiento de Él. Para nosotros, nuestro mayor crecimiento ha sido en el área de las finanzas. Nuestro primer diezmo para la iglesia fue de 126 dólares. Teníamos un negocio de contrataciones eléctricas que se estaba hundiendo en la deuda. Nuestro negocio comenzó a prosperar.

Cada año, a medida que ha ido aumentando nuestro conocimiento de la Palabra de Dios, lo han hecho también nuestros donativos. El año pasado pudimos, por la gracia y provisión de Dios, dar más de 250.000 dólares en diezmos, ofrendas y mitzvás.

El entendimiento de nuestras raíces judías, especialmente guardar y recordar el Shabat, ha fortalecido nuestro matrimonio llevándonos a una forma de unidad que nunca habíamos conocido en nuestros veintitrés años de matrimonio. La fealdad del racismo ha sido reemplazada por amor y perdón. La depresión ha sido reemplazada por gozo y plenitud. La falta de dignidad ha sido reemplazada por un sentimiento de propósito y destino. El enojo ha sido reemplazado por paz y fortaleza. No puedo comenzar a explicar todas las formas en que entender las raíces judías de nuestra fe ha enriquecido nuestras vidas. En verdad ha sido una experiencia transformadora.

—Rita Evans

Cásese con sus bendiciones

Los rabinos enseñan que el Shabat es el eje del universo. Es el primer peldaño de la escalera de conocer a Dios. Dios creó los cielos y la tierra, y miró todo lo que había y dijo que era bueno. Después dijo: "Ahora, voy a crear al hombre, y voy a crear un *menuhah*: un descanso y una bendición. Voy a santificar este día, y voy a 'casar' a mis hijos con sus bendiciones porque le ha placido al Padre darles mi reino".

Descanso sabático: una bocanada de aire fresco

¿Qué significa para nosotros "regresar a nuestras raíces judías"? Significa experimentar un cambio que es evidente en cada área de nuestras vidas; ¡un cambio que se siente muy dentro de nuestra alma! A medida que comenzamos a aprender la importancia de entender nuestras raíces judías, fue como si cayeran escamas de nuestros ojos. Habíamos estudiado la Biblia y asistido a la iglesia durante muchos años, pero lo que aprendimos y seguimos aprendiendo de los pastores Larry y Tiz ha sido algo transformador en todo lo que pensamos y hacemos.

Hemos aprendido a leer la Biblia a través de los ojos de los judíos que la escribieron, en contraposición a entenderla a través de una interpretación cristiana occidental. Ahora tenemos un entendimiento más profundo de quién era Jesús, su manera de vivir, y sus costumbres. Entendemos que Jesús honraba todas las fiestas, y, en particular, hemos aprendido a entrar en la bendición y gozo del Shabat.

¡Oh Shabat! ¡Si te hubiéramos podido experimentar desde la infancia! Cuando encendemos las velas del Shabat el viernes por la noche, nuestro hogar se llena del amor de Dios. Honrar el Shabat nos ha bendecido en maneras que sólo hubiéramos imaginado en sueños. Es como si Dios hubiera tejido y engranado nuestros espíritus y le hubiera dado a nuestro matrimonio una paz y una unidad que nunca antes habíamos experimentado. Nos encanta este tiempo especial, y ahora entendemos el poder y el amor que ha sido tejido de forma tan hermosa en la fibra de nuestras vidas.

Cuando oramos y bendecimos a nuestros hijos durante este tiempo especial, esperamos que ocurran buenas cosas. El pastor Larry nos enseñó que nuestro Padre añade su "sobre" a nuestro "natural", ¡y es cierto! Oramos por nuestro negocio, por la semana pasada y por la que viene. Han ocurrido avances monumentales, y parece que siempre recibimos buenas noticias en Shabat. Hemos vencido obstáculos y hemos peleado batallas, pero sabemos que al encender nuestras velas el Shabat, nuestro Padre escucha nuestras oraciones, y cuando nosotros entramos en su reposo, ¡ganamos las batallas!

—Jack y Patricia Roubinek

Guarde y recuerde el Shabat. Entre en el descanso que su Padre ha creado especialmente para usted. Entre en una *relación* de pacto con Dios, y reciba todas las bendiciones de su reino.

Que Dios le bendiga.

Shabbat shalom.

Las siete fiestas

Algunos de ustedes se estarán preguntando: *Si ya creemos en Jesús como nuestro Mesías, ¿por qué tenemos que recordar las fiestas judías?*

Y de nuevo, mi respuesta es: no tenemos que hacerlo; ¡lo hacemos!

No *tenemos* que recordar la resurrección de Cristo en Semana Santa, ¿pero acaso no es bueno para nosotros hacerlo? ¿No nos hace mejores como cristianos? Como norteamericanos, cada cuatro de julio les enseñamos a nuestros hijos los valores sobre los que fue fundada nuestra nación. Les enseñamos a decir la Promesa de lealtad; les enseñamos a honrar a los veteranos de guerra que sacrificaron sus vidas para que nuestra nación pueda ser libre. Estas actividades no son un requisito legal por ser norteamericanos, pero al celebrarlo y recordarlo, ¿no nos convertimos en mejores norteamericanos? Recordamos que la libertad no es gratis. Celebramos el hecho de que todos los hombres han sido creados iguales. Hay algo significativo y beneficioso al recordar y celebrar nuestra herencia.

En la Escritura, hay siete fiestas que Dios dio a su pueblo. ¿No es sorprendente? No hay seis u ocho, sino siete: el número bíblico de perfección o finalización. Las siete fiestas, sin excepción, señalan directa y proféticamente a Jesucristo. Por eso, creo que sigue siendo importante que los cristianos, y también los judíos, las guarden. Son un portal para algunas de las bendiciones de Dios más ricas y poderosas.

En primavera está la Pascua, el día en que el cordero fue sacrificado y la sangre puesta en los dinteles de las puertas, al igual que la sangre de Jesús también fue derramada en la Pascua.

La Pascua es en los primeros dos días de los siete días de la **fiesta de los Panes sin levadura**, un recordatorio de cuando Israel atravesó el mar Rojo para recibir su sustento de Dios. También representa la eliminación del pecado, o levadura, de nuestros hogares y nuestras vidas.

Al final de la Pascua está la **fiesta de las Primicias**, en la que se llevaba al templo una gavilla de cebada y se presentaba al Señor. Esta ofrenda señalaba la resurrección de Jesús, como dijo Pablo: *"Mas ahora Cristo ha resucitado de los muertos; primicias de los que durmieron es hecho"* (1 Corintios 15:20).

En el verano, cincuenta días después, está la **fiesta de Pentecostés**, porque Moisés recibió los Diez Mandamientos en el monte Sinaí cincuenta días después de que Israel cruzara por el mar Rojo. De forma similar, cincuenta días después de que Jesús fuera resucitado de la muerte, sus seguidores recibieron el Espíritu Santo: el Pentecostés cristiano. Los dos fueron recibidos con truenos, relámpagos y rayos de fuego.

En el otoño están las fiestas de Rosh Hashaná, Yom Kipur y Sukot. **Rosh Hashaná** significa "año nuevo" o "el año que comienza". Como descubrirá, para los cristianos es un símbolo del rapto, no de la segunda venida, sino del tiempo en que Dios juzgará a las naciones y tomará a los justos, vivos y muertos, de este mundo.

La **fiesta de Yom Kipur**—o el Día de la expiación—es el día en que Dios perdona los pecados de Israel. Para los cristianos, esto apunta a los siete años de tribulación, cuando los que hayan quedado deberán aceptar a Jesús como su Mesías antes de su segunda venida para establecer su reino sobre la tierra.

Sucot—o la **fiesta de los Tabernáculos**—es el reino milenial de Cristo sobre la tierra mientras Dios vive en—*tabernáculos con*—su pueblo.

Todas estas fiestas y sus significados proféticos le fueron dadas al hombre en la Torá, el camino de Dios. Fueron, y son, esenciales para vivir nuestro propósito en la tierra de amar a Dios y amar a otros.

Habló Jehová a Moisés, diciendo: Habla a los hijos de Israel y diles:
Las fiestas solemnes de Jehová, las cuales proclamaréis como santas
convocaciones, serán estas....Estas son las fiestas solemnes de Jehová,
las convocaciones santas, a las cuales convocaréis en sus tiempos

(Levítico 23:1–2, 4)

Estas fiestas son para todos, no sólo para el pueblo judío. Son para todos los que han sido *"injertados"* (Romanos 11:17).

Vea el apéndice para un gráfico detallado de repaso de las fiestas judías, sus fechas y formas de celebrarlas.

8

Las fiestas de la Pascua, los Panes sin levadura y las Primicias

P ara nuestros propósitos, voy a combinar las primeras tres fiestas en la semana que llamamos de la Pascua. De nuevo, repetiré mi limitación de responsabilidad al decir que estas fiestas no son algo legalista, sino una liberación de las bendiciones de Dios para quienes conocen y entienden la Palabra de Dios y su significado.

La fiesta de los Panes sin levadura

La Pascua se celebra la primera, y a menudo también, la segunda noche del periodo de siete días llamado la fiesta de los Panes sin levadura. Para los judíos, las tortas de pan sin levadura les recuerdan que su liberación ocurrió tan rápidamente que no hubo tiempo de cocinar bien el pan para su viaje. También es un recordatorio del maná que Dios proveyó en el desierto.

En hebreo, la *levadura* también es simbólica de los impulsos de un corazón malvado. Para los judíos, la levadura representa el pecado en nuestras vidas. En los hogares judíos tradicionales no se permite la levadura durante estos siete días, durante los cuales comen sólo matzah y ningún pan que haya subido. Antes de que comience la Pascua, las mujeres judías repasan meticulosamente sus hogares, para deshacerse de toda la comida que contenga levadura. A veces se consume en las semanas previas a la Pascua, y a veces se regala a los bancos de comida locales. Algunas congregaciones judías permiten una habitación en la casa para almacenar toda la levadura, y esta habitación se sella al comenzar la Pascua. Una vez que se ha retirado toda la levadura de la cocina, se cepillan a fondo todas las superficies y electrodomésticos para deshacerse de cualquier rastro o miga. Además de su significado espiritual, también se convierte en un gran tiempo de limpieza de primavera. En algunas casas, se esconden por la casa trozos de pan normales como comienzo de la Pascua. Los niños tienen que buscarlos, encontrarlos y quitarlos del hogar. Es un juego al que juegan que les enseña la lección de que Dios está limpiando la casa y la familia de toda impureza.

La fiesta de la Pascua

Para entender la Pascua y su conexión esencial con el cristianismo, volvamos a los últimos días de Jesús en la tierra con sus amados discípulos:

Llegó el día de los panes sin levadura, en el cual era necesario sacrificar el cordero de la pascua. Y Jesús envió a Pedro y a Juan, diciendo: Id, preparadnos la pascua para que la comamos. Ellos le dijeron: ¿Dónde quieres que la preparemos? Él les dijo: He aquí, al entrar en la ciudad os saldrá al encuentro un hombre que lleva un cántaro de agua; seguidle hasta la casa donde entrare, y decid al padre de familia de esa casa: El Maestro te dice: ¿Dónde está el aposento donde he de comer la pascua con mis discípulos? Entonces él os mostrará un gran aposento alto ya dispuesto; preparad allí. Fueron, pues, y hallaron como les había dicho; y prepararon la pascua. Cuando era la hora, se sentó a la mesa, y con él los apóstoles. Y les dijo: ¡Cuánto he deseado comer con vosotros esta pascua antes que padezca!   (Lucas 22:7–15)

Cuando celebramos lo que se llama la Cena del Señor, o la Comunión, tenemos que entender que cuando Jesús nos dio este recordatorio, no estaba simplemente por ahí pasando el rato y disfrutando de una barbacoa con los amigos, sino que estaba celebrando la Pascua. Imagino que siempre supe eso—a fin de cuentas, está ahí en las Escrituras—, pero realmente nunca me llamó la atención. Pensaba que como Jesús sabía que iba a morir, se reunió con los muchachos para pasarlo bien por última vez, sabiendo que las malas noticias se reciben mejor con el estómago lleno. Suponía que cuando se terminó la comida, tomó cualquier cosa que había en la mesa—una barra de pan y una copa de vino—y les dio una pequeña ilustración, una nueva enseñanza para que la siguieran y compartieran con otros. Pero eso no es realmente lo que ocurrió.

Jesús estaba siguiendo las enseñanzas de Dios, que decían que en ese tiempo cada año tenían que celebrar la Pascua. Estaba claramente estipulado en la Torá:

> *Habló Jehová a Moisés, diciendo:...Las fiestas solemnes de Jehová, las cuales proclamaréis como santas convocaciones, serán estas....En el mes primero, a los catorce del mes, entre las dos tardes, pascua es de Jehová.*
> (Levítico 23:1–2, 5)

Para los judíos del primer siglo, la Pascua no era algo opcional. No era una fiesta nacional como el día del trabajo, que uno tiene la opción de observar o ignorar. Estas fiestas del Señor eran "*santas convocatorias*". No eran simplemente una señal hacia la tradición. Yo he conocido a judíos que guardan el Shabat sólo por tradición. Eso está bien, pero no hay poder en ello. De igual modo, hay cristianos que participan del bautismo y la Santa Cena sólo por tradición, pero tampoco hay poder en ello. No hay poder en nada de lo que hagamos simplemente por ser algún tipo de "fórmula religiosa". El apóstol Pablo se refirió a esto cuando escribió de hombres "*que tendrán apariencia* [formula] *de piedad, pero negarán la eficacia de ella*" (2 Timoteo 3:5). Cuando enseñamos estas cosas, no es un intento de llevar a cabo una *ceremonia*. No tiene nada que ver con la ceremonia.

Por ejemplo, yo tengo lo que los judíos llaman una *mezuzá* en cada dintel de mi casa. Una mezuzá es una pequeña placa inscrita con palabras del Shemá, comenzando con: "Oye, Israel: Jehová nuestro Dios, Jehová uno es". (Ver Deuteronomio 6:4). Yo hago esto porque leo que Dios efectivamente dijo: "Toma mis palabras '*y las escribirás en los postes de tu casa, y en tus puertas*'" (Deuteronomio 6:9). Cuando yo entro en mi casa, estoy luchando contra el diablo e intentando llevar la Palabra de Dios y la victoria de Jesús a las vidas de la gente. Cuando veo esa mezuzá, me recuerda que no vivo por lo que siento o por lo que estoy pasando, sino que vivo por las promesas de Dios. Estoy bendecido cuando entro y bendecido cuando salgo. (Ver Deuteronomio 28:6).

No hay absolutamente nada sobrenatural en poner una mezuzá en los dinteles de sus puertas; no es un tipo de amuleto de la buena suerte.

> **Todo lo que Dios nos da es para recordarnos de su bondad.**

Todo lo que Dios nos da es para recordarnos de su bondad. Cuando guardamos el Shabat, es para recordarnos de su bondad, porque Dios nos dio el cuarto mandamiento: acuérdate del día de reposo y santifícalo. No es algo mágico ni místico, sino un recordatorio práctico que vuelve a alinearme, refleja la bondad de Dios y celebra su presencia en nuestro hogar.

La comida pascual también se llama *Séder*, una palabra hebrea que significa "orden" o "arreglo", porque hay un orden establecido en la noche que siguen todos los judíos en todo el mundo. A diferencia de muchas celebraciones y prácticas judías, la comida Séder es para compartir en el hogar con la familia y amigos, y no se celebra en la sinagoga. Es una celebración participativa y parte integral de la fe y la identidad judía. Vuelve a contar la historia de la liberación de Dios de Israel de la esclavitud en Egipto y de su marcha por el desierto hacia la Tierra Prometida. Es un tiempo de alabanza y acción de gracias por la redención y liberación que Dios les dio. Debido a la naturaleza participativa de la noche, así como de la participación intergeneracional, es una de las principales formas en que fe y tradición judías se pasan de padre a hijo y de madre a hija.

La palabra hebrea para *Pascua* es *Pesach*, que también significa "ser protegido bajo las alas". Por eso, al acercarse a Jerusalén, Jesús dijo: *"¡Jerusalén, Jerusalén...¡Cuántas veces quise juntar a tus hijos, como la gallina a sus polluelos debajo de sus alas!"* (Lucas 13:34). Recuerde que Jesús era un rabino judío hablándole a una audiencia judía que sabía lo que significaban esas cosas. Jesús estaba diciendo: "Yo te cubriré. Yo estaré por mi sangre delante de tu puerta, y el enemigo no podrá volver a entrar nunca más".

En la noche que los cristianos llaman Viernes Santo, Jesús se sentó con su "familia", sus seguidores más cercanos, en el aposento alto tan sólo unas horas antes de su crucifixión y participó de la comida Séder la primera noche de la Pascua. No fue un accidente ni una coincidencia, sino que todo fue parte del plan. Cuando compartían la comida pascual, Jesús les dijo directamente que estaba a punto de entregar su vida. Estaba dejando saber al mundo, y no con términos vagos: "Yo *soy* el Cordero pascual".

El Cordero de Dios

¿Por qué ordenó Dios a su pueblo que recordara siempre la Pascua? Para Israel, el cordero de pascua era una redención física. Dios literalmente pasó sobre su pueblo, trajo aflicción a la nación de Egipto, y les sacó de años de esclavitud. Para la "nueva Israel"—los "injertados" en Israel—es tanto una redención física como espiritual. Como cristianos, siempre nos han enseñado que Jesús era el Cordero de Dios. En el bautismo de Jesús, Juan el bautista dijo: *"He aquí el Cordero de Dios, que quita el pecado del mundo"* (Juan 1:29).

Cuando celebramos la Pascua, entendiendo que Jesús es el Cordero de Dios, la Biblia dice que debemos sentarnos generación tras generación y explicar a nuestros hijos exactamente lo que está ocurriendo.

> *Guardaréis esto por estatuto para vosotros y para vuestros hijos para siempre.…Y cuando os dijeren vuestros hijos: ¿Qué es este rito vuestro?, vosotros responderéis: Es la víctima de la pascua de Jehová, el cual pasó por encima de las casas de los hijos de Israel en Egipto, cuando hirió a los egipcios, y libró nuestras casas.* (Éxodo 12:24, 26–27)

Hay algo especial sobre la enseñanza oral. Cuanto más enseña usted algo, más se graba en el oyente. Lo que parece un ritual de repente se convierte en una revelación. Así, en el mismo tiempo cada año, Dios nos pide que recordemos la Pascua más o menos en los mismos días que celebramos la Semana Santa. Ahora bien, no me malentienda; a mí me encantan los huevos de Pascua de chocolate tanto como al que más, pero si nuestros hijos saben más de conejos que ponen huevos de chocolate que del Cordero pascual, nosotros como hijos de Dios estamos fallando en algo.

Que todos vengan

> *Pues yo pasaré aquella noche por la tierra de Egipto, y heriré a todo primogénito en la tierra de Egipto, así de los hombres como de las bestias; y ejecutaré mis juicios en todos los dioses de Egipto. Yo Jehová.* (Éxodo 12:12)

Mientras usted celebra la Pascua, una de las actividades es meter su dedo en una de las copas de vino o zumo de uva, representando la sangre del cordero, y salpicarla en el plato Séder diez veces, una por cada una de las plagas que vino sobre Egipto. Según la enseñanza rabínica, su dedo representa el dedo de Dios. La sangre trajo gran destrucción y muerte a la gente de Egipto. Como cristianos, estamos emocionados con la idea de que algún día nos rapte; sin embargo, hemos de darnos cuenta de que cuando Dios saque a su pueblo de esta tierra, también se llevará toda la bondad que exista. Al igual que se soltaron las plagas sobre todo Egipto, Satanás será soltado sobre la tierra. Habrá enfermedad, guerras, pestilencia y todo tipo de maldades sobre la tierra. Cuando nos hayamos ido, la gente que se quede pagará un alto precio. Como cristianos, quizá no pensamos lo suficiente en esto, quizá pensando solamente: *Bueno, cuando me vaya, me habré ido. Nos vemos. No me gustaría estar en tu pellejo. Yo gano, y tú pierdes.*

Sin embargo, Dios no lo ve así. A mí no me importa si la persona es judía, gentil, musulmana, hindú o atea, Dios ama a toda la humanidad y se le partirá el corazón cuando regrese por nosotros. Por eso necesitamos hacer todo lo que podamos para cumplir el propósito de Dios en nuestras vidas y alcanzar a este mundo con las buenas nuevas de Jesucristo.

> **Necesitamos hacer todo lo que podamos para cumplir el propósito de Dios en nuestras vidas y alcanzar a este mundo con las buenas nuevas de Jesucristo.**

Por eso Dios mandó a su pueblo que guardara el Shabat y que celebrara la Pascua, el Yom Kipur y el Rosh Hashaná. A través de todas estas fiestas, Dios nos está enseñando a permanecer enfocados. Yo creo en la prosperidad y quiero ver prosperar a todos los hijos de Dios. Creo en la sanidad y quiero ver sanos a todos los hijos de Dios. Creo en todos los dones del Espíritu, pero a veces podemos desviarnos al ir detrás de este o aquel don cuando nuestro propósito principal aquí en la tierra es amar a Dios con todo nuestro corazón y amar a nuestro prójimo como a nosotros mismos. Dios no está interesado en los rituales; Él quiere que recordemos en qué consiste la vida.

Y la sangre os será por señal en las casas donde vosotros estéis; y veré la sangre y pasaré de vosotros, y no habrá en vosotros plaga de mortandad

cuando hiera la tierra de Egipto. Y este día os será en memoria, y lo
celebraréis como fiesta solemne para Jehová durante vuestras genera-
ciones; por estatuto perpetuo lo celebraréis. (Éxodo 12:13–14)

La Pascua es un estatuto perpetuo o pacto entre Dios y su pueblo. No
se trata solamente de nuestra salvación, sino también de guardar nuestro
enfoque en su bondad. Se trata de cómo Él le ama y desea bendecirle, pero
también se trata de cómo usted ha de amar a su prójimo como a usted
mismo. Estas cosas siempre le mantendrán alineado con el propósito y la
bondad de Dios.

La comida Séder

Prepararse para el Séder es importante si queremos que la noche vaya
bien, especialmente ya que muchos cristianos nunca han asistido a una, y
aún menos la han preparado. Los preparativos no son complicados, pero
necesitamos pensar en ello con anticipación. Normalmente es sabio comenzar a planificar y reunir los materiales varios días antes del día señalado, ya que algunos de los artículos puede que haya que mandar pedirlos.
Piense cuidadosamente y planifique con antelación para que la experiencia
sea más agradable para los que dirigen y asisten al Séder.

El plato Séder

Un artículo que necesitará será un plato Séder. No es obligatorio, pero
hará que la celebración sea más fácil. Están disponibles en tiendas de artículos judíos o en sinagogas locales, si vive usted cerca de una población judía, o si no se pueden encontrar en línea. Son platos decorativos con cinco o
seis secciones separadas, las cuales son para cosas específicas que se usarán
en la celebración pascual, tales como:

1. un huevo duro, tradicionalmente un huevo moreno,

2. *charoset*, una pasta hecha a base de manzanas o dátiles, nueces,
   miel y canela, representando el mortero; muchas recetas de charoset se pueden encontrar en libros o en línea,

3. una ramita de perejil,

4. *maror*, o hierbas amargas; tradicionalmente una raíz de rábano crudo se coloca simbólicamente en el plato Séder, pero no se usa en la celebración, ya que se usa el rábano rallado; en su lugar se puede usar en el plato una cucharadita de salsa de rábano,

5. un hueso de pierna de cordero asada, que puede encontrar en cualquier carnicería,

6. una hoja de lechuga romana para platos con seis compartimentos (algunos platos Séder tienen solo cinco artículos).

Poner la mesa

Además del plato Séder, necesitará los siguientes artículos en la cabecera de la mesa:

+ cuatro copas o vasos trasparentes llenos de vino o zumo de uva,
+ dos candeleros,
+ tres piezas de tortas de pan matzah colocadas en un plato o cesta cubierto con una servilleta, cada una de ellas separada por una servilleta blanca, tapando también la de arriba con una servilleta,
+ tres lavafrutas transparentes: uno con agua salada, otro con charoset extra y otro con salsa de rábano,
+ un jarro de agua y un bol para lavarse las manos,
+ una toalla de manos, y
+ el orden de servicio y texto, llamada la *hagadá*.

Cada invitado al *Séder* tendrá los siguientes artículos presentes en su lugar de la mesa:

+ un plato,
+ una servilleta,
+ un vaso de vino,
+ cuchara y tenedor,
+ un vaso de agua,
+ una ramita de perejil fresco,
+ un pan matzah completo,
+ un bol pequeño de agua salada,

- toallas extra si todos los hombres se lavan las manos, y
- una copia del Séder Hagadá.

La reunión Séder

Voy a hacer un ejemplo de reunión Séder. Aunque hay ciertas secciones que están tradicionalmente escritas, como la celebración Shabat, puede sentirse libre de hacer las oraciones, bendiciones e incluso relatar la historia del Éxodo como usted quiera.

Damos la bienvenida a la Pascua casi de la misma manera que damos la bienvenida al Shabat. Al anochecer, la mujer del hogar enciende las velas (pero de nuevo, esto lo puede hacer cualquiera) y hace la oración de bendición. Esta es una bendición típica:

> Padre, al encender estas velas en la Pascua, declaramos que este es un tiempo santo apartado para ti. Te pedimos que derrames tu luz, tus milagros, todas tus promesas, tu bondad y tu gozo sobre nuestras vidas, familias y hogares durante este tiempo especial. Te amamos mucho, en el nombre de Yeshúa. Amén.

El Kidush

Cuando la mayoría de los cristianos toman la Comunión o Santa Cena, sólo beben de una copa. La comida Séder, sin embargo, y por tanto la mesa que Jesús compartió con sus seguidores, tiene cuatro copas de vino diferentes. Cada una de ellas tiene un significado espiritual tremendo para nuestras vidas, significado que encontramos en la Torá:

> *Por tanto, dirás a los hijos de Israel: Yo soy Jehová; y yo os **sacaré** de debajo de las tareas pesadas de Egipto, y os **libraré** de su servidumbre, y os **redimiré** con brazo extendido, y con juicios grandes; y os **tomaré** por mi pueblo y seré vuestro Dios.* (Éxodo 6:6–7, énfasis añadido)

En este pasaje hay cuatro promesas diferentes de bendiciones que Dios dio a Israel. Cada una de ellas está representada por una copa en la cena Séder.

1. Os **sacaré** de debajo de vuestras cargas.

2. Os **libraré** de su servidumbre.

3. Os **redimiré** con mi mano.

4. Os **tomaré** por mi pueblo y seré vuestro Dios.

Así, a lo largo de la reunión Séder, el líder bebe de cuatro copas diferentes.

La copa de santificación

La primera copa es para recordarnos que, a través de la sangre de Jesús, nuestro Cordero pascual, nuestros pecados han sido quitados. *"Si vuestros pecados fueren como la grana, como la nieve serán emblanquecidos"* (Isaías 1:18). No podemos dejar que el diablo nos condene y nos diga que no somos dignos porque, aunque hayamos sido pecadores, ya no lo somos más porque ahora somos hijos del Dios vivo.

En la mayoría de las reuniones de Comunión o Santa Cena, el pan se distribuye antes que la copa, pero en el libro de Lucas, Jesús primero levantó la copa porque, nuevamente, estaban celebrando la Pascua, como nosotros. *"Y habiendo tomado la copa, dio gracias, y dijo: Tomad esto, y repartidlo entre vosotros"* (Lucas 22:17).

Por tanto, levantamos la copa de santificación y declaramos una bendición sobre ella:

Padre, te doy gracias por tu mandamiento de liberar el gozo y la bendición cuando recibimos la copa de santificación. Que esto nos recuerde que somos la justicia de Dios. Por nuestro Cordero pascual y la sangre de Jesús, cada uno de nosotros tiene el derecho de acudir ante el trono de Dios para que nuestras oraciones no sólo sean oídas sino también contestadas, en el nombre de Jesús. Amén.

Después todos beben de esta copa, o el líder bebe de esta copa, y todos los demás beben de su propia copa.

Lavado de manos

Al igual que en el Shabat, los hombres en la mesa lavan sus manos. Esto se hace en una palangana grande de agua, parecido a un plato bautismal.

Cuando le preguntaron al apóstol Pedro qué debían hacer para recibir el Espíritu Santo, dijo: *"Arrepentíos, y bautícese cada uno de vosotros en el nombre de Jesucristo para perdón de los pecados; y recibiréis el don del Espíritu Santo"* (Hechos 2:38). Sin embargo, cuando dijo *"bautícese"* usó la palabra *baptizma*. Literalmente, significa "bautizarse uno mismo". Al lavar sus manos, simbólico del bautismo, usted está rompiendo toda maldición que impida que las bendiciones de Dios lleguen a su vida y su familia. Ahora ha vuelto usted a nacer por el bautismo, por el lavamiento del agua según la Palabra (ver Efesios 5:26), para que Dios pueda hacer algo espiritual en su vida. No tiene usted que hacerlo, pero cuando yo me lavo, me gusta decir algo como esto:

> **Al lavar sus manos, usted está rompiendo toda maldición que impida que las bendiciones de Dios lleguen a su vida y su familia.**

Cada maldición, cada maldición familiar, es rota y revertida en cada área de mi vida y de esta casa, en el nombre de Jesús.

La ramita de perejil

En el plato de la Pascua, así como en cada uno de los platos de los participantes, hay una ramita de perejil. Cuando usted levanta ese perejil, es para recordarle que cuando el espíritu de muerte se estaba acercando, el pueblo de Israel mojó sus ramas de hisopo en la sangre del cordero—el cordero sin mancha o defecto—y aplicó esa sangre en los dinteles de sus casas. Dios nos recuerda que no importa lo que venga en este mundo—ya sea un cáncer, divorcio, pobreza o cualquier otra cosa—, llegará a su casa, verá la sangre y sabrá que no puede entrar en esa casa. Como cristianos, necesitamos aplicar la sangre de Cristo cada día. Les puedo decir que nunca volveré a ver el perejil de la misma forma. Cuando lo ponen en mi plato en un restaurante como decoración, siempre me recordará la sangre de Cristo.

Moje el perejil en el agua salada y dele un mordisco. La sal es una representación de las lágrimas amargas que derramamos antes de ser liberados, antes de conocer al Hijo de Dios, el Rey de reyes y Señor de señores. No obstante, nuestras lágrimas no fueron en vano, porque el Salmo 56 nos dice

que Dios recoge cada lágrima que derramamos: *"Mis huidas tú has contado;
pon mis lágrimas en tu redoma; ¿No están ellas en tu libro?"* (Salmo 56:8).

El pan sin levadura

Ahora, el líder toma la cesta o el plato con los tres panes matzah y retira el del medio, y lo parte. La mayoría de los judíos le dirán que no saben
por qué hacen esto; simplemente así es como lo hacen. Yo puedo decirle
que hay tres panes que representan al Padre, Hijo y Espíritu Santo. El del
medio se retira y se parte. Cuando Jesús partió el pan en el aposento alto,
estaba en ese momento en una reunión Séder.

> *Y tomó el pan y dio gracias, y lo partió y les dio, diciendo: Esto es mi
> cuerpo, que por vosotros es dado; haced esto en memoria de mí.*
>
> (Lucas 22:19)

Qué poderoso es esto, no sólo como alguna nueva práctica que Jesús
estaba demostrando a sus seguidores, sino también como parte de su celebración pascual—algo en lo que sus discípulos habían participado desde
sus primeros recuerdos de la infancia—¡que ahora se estaba cumpliendo
delante de ellos!

Una vez partido el matzah, una mitad se vuelve a poner entre los otros
dos panes; me refiero a ello como a ponerlo en la tumba. La otra mitad se
pone a un lado. En los hogares tradicionales judíos, esta mitad se rompe en
pedazos, uno para cada niño. Entonces los niños cierran sus ojos, y se "esconden" los trozos por la habitación. Después de la comida Séder, los niños
harán una búsqueda para encontrar los trozos. Cuando encuentran uno, se
les da un pequeño premio o un dulce. Como cristianos, sabemos que esto
es porque cualquiera que encuentra a Jesús en esta vida ¡es grandemente
recompensado!

Contando la historia: el Hagadá

Ahora llegamos a la narración de la historia del Éxodo. Esto se puede
hacer brevemente o con gran detalle, como usted quiera. Para nuestros propósitos, se lo contaré como a mí me gusta hacerlo. No obstante, comienza
dejando que los niños hagan las preguntas tradicionales que se han hecho

durante siglos. La mejor manera de hacer que alguien aprenda es dejar que haga una pregunta. En este momento de la reunión Séder, los niños le hacen al padre de familia cuatro preguntas. Si no hay niños presentes, se les asignan estas cuatro preguntas a cuatro adultos. Como respuesta, el padre vuelve a contar la historia de la Pascua. Las cuatro preguntas se pueden leer en el Hagadá que se ha repartido:

Niño 1: Padre, ¿por qué esta noche es diferente a todas las noches?

Niño 2: ¿Por qué las demás noches comemos pan leudado y esta noche sólo comemos pan sin levadura?

Niño 3: ¿Por qué las demás noches comemos todo tipo de vegetales, y esta noche solo comemos hierbas amargas?

Niño 4: ¿Por qué las demás noches comemos carne al horno o a la parrilla o marinada, y esta noche sólo comemos carne asada?

El rabino, o el padre de la casa, relata entonces la historia que comienza con Abraham—el primer judío—que recibió la revelación de que no hay muchos dioses sino un único Dios. Todo comenzó con Abraham. Por eso Pablo dijo: *"De modo que los de la fe son bendecidos con el creyente Abraham"* (Gálatas 3:9). El linaje de Abraham siguió con su hijo Isaac, que fue padre de Jacob, que fue padre de José.

José fue el favorito de todos sus hermanos, los cuales se pusieron celosos y le vendieron como esclavo. Al final, José terminó en Egipto en la casa de Potifar. Dondequiera que iba José, hallaba gran favor de parte de Dios, y fue tan bendecido que de la prisión y la esclavitud se levantó hasta llegar a ser el número dos de Egipto, tan sólo por detrás de faraón mismo. Cuando una hambruna se desató en Canaán, la familia de José, y finalmente todo lo que se convertiría en Israel, fue a Egipto, donde, gracias al favor de José, había mucha comida. Lo que mucha gente olvida es que cuando Israel llegó a Egipto por primera vez, no eran esclavos, sino gente de negocios y una comunidad y líderes de gobierno.

No obstante, al final el faraón de los días de José murió, y un nuevo faraón tomó el trono sin saber que la razón por la que Egipto era tan bendecida era gracias a los hijos de Dios. Él vio a los judíos y se dio cuenta de que estaban creciendo en número y riquezas más que la población de Egipto, así que procedió a tomar todo lo que tenían y los esclavizó, condición en la que estuvieron los siguientes cuatrocientos años, haciendo ladrillos y edificando construcciones para los egipcios.

Finalmente, los judíos clamaron a Dios, y Él les envió a Moisés, quien fue delante del faraón con un mensaje del Dios de Israel: *"Deja ir a mi pueblo"* (Éxodo 5:1). La Biblia dice que el faraón endureció su corazón, así que Dios envió diez plagas sobre la nación de Egipto. Estas plagas fueron enviadas para demostrar que el Dios de Israel era más fuerte que los falsos dioses de Egipto. El río Nilo era uno de sus dioses, así que Dios lo convirtió en sangre. El sol era uno de sus dioses, así que Dios hizo que se oscureciese. La cosecha era uno de sus dioses, así que Dios envió la langosta para destruirla. Cada plaga derrotó a una supuesta fortaleza de la nación egipcia.

La última plaga enviada a Egipto fue la muerte de todos sus primogénitos varones. Si usted no entiende la Biblia, esto probablemente parezca un poco duro. No parece que sea algo que vaya acorde con la naturaleza de nuestro Padre amoroso, pero tenemos que recordar que la Palabra de Dios dice: *"No os engañéis; Dios no puede ser burlado: pues todo lo que el hombre sembrare, eso también segará"* (Gálatas 6:7). De bebé, Moisés fue encontrado en una cesta en el río Nilo por una de las hijas del faraón, y fue criado como uno de los hijos de la realeza. Sin embargo, la razón por la cual la madre judía de Moisés lo puso en una cesta fue porque el faraón había ordenado la matanza de *todos* los hijos judíos, no solo de los primogénitos. (Ver Éxodo 1:22). Dios salvó a Moisés para que después pudiera ir al faraón y llevar a cabo la redención de Dios matando a todos los primogénitos de Egipto. El faraón estaba cosechando exactamente lo que había sembrado. Dios no trajo esa plaga sobre el faraón; las propias acciones del faraón la trajeron sobre sí mismo.

Después de cada una de las seis primeras plagas, el faraón endureció su corazón contra Moisés y su mensaje de Dios. Sin embargo, desde la séptima plaga en adelante, la Biblia dice que Dios endureció el corazón del faraón. Quizá usted no crea que esto sea justo, pero Dios sabía que si el faraón consentía y restauraba toda la riqueza y estatus de Israel, probablemente se hubieran quedado exactamente donde estaban: en Egipto. Dios sabía que tenían que salir de Egipto hacia la Tierra Prometida, porque la humanidad necesitaba un Salvador, y el único lugar donde podía nacer era en la tierra de Israel.

Cuando la última plaga mortal apareció sobre Egipto, Dios llevó aparte a Moisés y Aarón y les dio instrucciones sobre cuál sería la liberación final de la tierra de Egipto y de la esclavitud:

> *Habló Jehová a Moisés y a Aarón en la tierra de Egipto, diciendo: Este mes os será principio de los meses; para vosotros será éste el primero en los meses del año. Hablad a toda la congregación de Israel, diciendo: En el diez de este mes tómese cada uno un cordero según las familias de los padres, un cordero por familia....El animal será sin defecto, macho de un año....Y lo inmolará toda la congregación del pueblo de Israel entre las dos tardes. Y tomarán de la sangre, y la pondrán en los dos postes y en el dintel de las casas en que lo han de comer. Y aquella noche comerán la carne asada al fuego, y panes sin levadura; con hierbas amargas lo comerán....Y lo comeréis así: ceñidos vuestros lomos, vuestro calzado en vuestros pies, y vuestro bordón en vuestra mano; y lo comeréis apresuradamente; es la Pascua de Jehová. Pues yo pasaré aquella noche por la tierra de Egipto, y heriré a todo primogénito en la tierra de Egipto, así de los hombres como de las bestias; y ejecutaré mis juicios en todos los dioses de Egipto. Yo Jehová. Y la sangre os será por señal en las casas donde vosotros estéis; y veré la sangre y pasaré de vosotros, y no habrá en vosotros plaga de mortandad cuando hiera la tierra de Egipto.* (Éxodo 12:1–3, 5–8, 11–13)

Tras el horror de la décima plaga, un faraón quebrantado ordenó a los judíos que abandonaran su país ahora maldecido. Proverbios dice que *"la riqueza del pecador está guardada para el justo"* (Proverbios 13:22). ¡Y qué verdad fue en este caso! Israel salió de la esclavitud de Egipto con toda la riqueza de los egipcios, no como castigo, ¡sino porque Egipto les debía cuatrocientos años de sueldos atrasados!

La copa de la liberación

La segunda copa, por tanto, es la copa de la liberación. Por medio de la sangre de Jesús, no sólo somos perdonados, sino que la Biblia también dice:

Si alguno hubiere cometido algún crimen digno de muerte, y lo hicie-
reis morir, y lo colgareis en un madero...porque maldito por Dios es el
colgado. (Deuteronomio 21:22–23)

Este versículo lo citó más tarde Pablo:

Cristo nos redimió de la maldición de la ley, hecho por nosotros maldi-
ción (porque está escrito: Maldito todo el que es colgado en un made-
ro. (Gálatas 3:13)

> **Jesús no sólo murió por nuestro pecado, sino que murió para romper toda maldición de nuestras vidas.**

Jesús no murió meramente por nuestro pecado. Si lo único que Él tenía que hacer hubiese sido morir, podría haber muerto apedreado, azotado o echado por un barranco, pues todos eran castigos judíos; sin embargo, Jesús tuvo que ir a la cruz porque no sólo murió por nuestro pecado, sino que murió para romper toda maldición de nuestras vidas. Por eso, Él puede romper las maldiciones de pobreza, racismo, ira y adicción. Él no sólo le perdona, sino que le da también una nueva vida libre de maldiciones de su pasado.

Antes de beber de la copa de la liberación, el líder primero la levanta y moja su dedo en la copa, lo que representa la sangre del cordero pascual: la sangre de Jesús. Usando ese dedo, después pone diez gotas en el plato de la Pascua y las deja ahí. Esto es para recordarnos que Dios nos ha liberado de nuestras maldiciones. El diez representa las diez plagas enviadas sobre Egipto. Aunque hemos sido liberados, también es un recordatorio de que hay un mundo ahí fuera que tenemos que alcanzar para Jesucristo. Nuestra libertad nunca está completa mientras haya alguien que tenga ataduras. Nosotros no estamos aquí sólo para ir a la iglesia, estamos aquí para cambiar el mundo porque Jesús lo hizo por nosotros. Ahora, levantamos la copa de la liberación y declaramos una bendición:

Padre, te damos gracias porque no sólo has limpiado nuestros pecados, sino que también hemos nacido de nuevo. Gracias que se ha roto toda maldición. Las raíces que ahogaban las bendiciones han sido arrancadas. Ahora, Padre, damos la cosecha, en el nombre de Jesús. Amén.

El segundo lavado de manos

Ahora es el momento de que todos los hombres se laven sus manos por segunda vez metiéndolas en la palangana de agua. Nos estamos recordando que somos limpiados de todas las impurezas y limitaciones de este mundo. Jesús fue bautizado en el río Jordán, no para formar parte de ninguna iglesia, sino como una señal de que somos limpiados de las limitaciones de este mundo. Es una señal de que, por haber nacido de nuevo, puede que estemos *en* este mundo, pero ya no somos *de* este mundo. En el lavamiento con agua somos liberados espiritualmente por todo el reino de Dios. Rompemos toda maldición de este mundo de nosotros, y, como Jesús, cuando salimos del agua recibimos el poder del Espíritu Santo.

Comiendo el matzad

En este instante, usted saca—o resucita—el trozo de matzah. Cuando el líder se lo come, todos los participantes comen porciones del matzah en sus respectivos lugares en la mesa. Al comerlo, hábleles a sus hijos de los panes sin levadura. Primera de Corintios dice que Jesús es nuestro Pan sin levadura:

> *Porque nuestra pascua, que es Cristo, ya fue sacrificada por nosotros. Así que celebremos la fiesta, no con la vieja levadura, ni con la levadura de malicia y de maldad, sino con panes sin levadura, de sinceridad y de verdad.* (1 Corintios 5:7–8)

En esa última cena de Pascua, cuando Jesús tomó el pan y dijo: "*Tomad, comed; esto es mi cuerpo*" (Mateo 26:26), de hecho estaba diciendo: "En mí no hay levadura; en mí no hay culpa; en mí no hay impurezas de ningún tipo. Yo soy el Cordero de Dios sin mancha ni defecto". Cuando Él añadió: "Todas las veces que hagáis esto, hacedlo en memoria de mí" (ver 1 Corintios 11:24–26), lo hizo porque sabía que los discípulos iban a estar comiendo ese pan sin levadura durante los siguientes siete días, y el resto de sus vidas.

El maror (hierbas amargas)

En este momento, quizá se esté preguntando qué hacer con esa mezcla de manzana, miel y nueces llamada *charoset*. Pues bien, está a punto de descubrirlo. Tome un pellizquito de maror, o hierbas amargas (rábano, raíz

afeitada de rábano o lechuga romana) y ponga sobre él un poco de charoset, luego quítelo y cómaselo. Sacudir el charoset simboliza lo duro que los
israelitas trabajaron en Egipto, combinando una comida que provoca lágrimas en los ojos (el maror, representando la esclavitud) con una que se parece
al mortero usado para edificar ciudades y graneros egipcios (el charoset).

Cuando pruebe el rábano, puede que aparezcan lágrimas en sus ojos.
Un rabino nacido de nuevo dice que las hierbas no sólo representan la
amargura de la esclavitud, sino que también aseguran que nosotros como
cristianos lloremos por todo lo que pasó Jesús por nosotros y que nunca lo
demos por hecho. Este Cordero de Dios estuvo dispuesto a ser golpeado,
humillado, desnudado y escupido. Le arrancaron la barba de su cara. La
realidad de lo que sufrió Jesús debería traer lágrimas a nuestros ojos, y si no
es así, quizá necesitemos probar un poco de amargura para que nos ayude
a recordar. Quizá necesitemos arrodillarnos y clamar a Dios para que haga
algo nuevo en nosotros.

El charoset, de hecho, tiene bastante sabor, así que siéntase libre para
untarlo generosamente sobre el pan matzah durante y después de la comida. Cuando yo lo como, me hace recordar que puede que esté *en* este mundo, pero que ya no soy *de* este mundo. No me preocupa lo que diga la gente
de Wall Street; no me preocupa lo que digan los médicos, porque ya no
confío más en el mundo, y ya no estoy edificando más mi vida en el mundo,
sino que estoy trabajando para edificar el reino de Dios mientras Él edifica
su templo en mí. No es un templo hecho de mortero y ladrillos, sino uno
de carne y sangre que alberga dentro de nosotros al Santísimo. No estamos
construyendo ladrillos y mortero para algún templo pagano. No estamos
sirviendo a algún dios que se enojará y se olvidará de nosotros. Estamos
trabajando para el Dios que nos ama más de lo que nunca entenderemos
con un amor que sobrepasa todo entendimiento. Cada vez que me siento
cansado de trabajar para Dios, recuerdo que antes trabajaba para el diablo,
y no me benefició en nada. Ahora, estoy trabajando para el Rey de reyes.

Ahora, tome las otras dos tortas de matzah y ponga entre ellas un poco
de maror, haciendo una especie de sándwich de rábano. Esto se llama "el
pan de la aflicción". Para los judíos, el matzah representa la comida que
comieron en la esclavitud y el maná que Dios proveyó mientras vagaban
por el desierto. Es para recordarles que, a pesar de la aflicción que puedan

encontrar en la vida, nunca quieren volver a la esclavitud, al igual que nosotros nunca queremos volver a nuestros antiguos caminos de pecado.

En verdad, habrá momentos al servir al Señor en que creerá estar en el desierto, cuando necesitará sacar agua de una roca o cuando necesitará la provisión de maná de Dios. La respuesta es confiar siempre en Dios. No debemos nunca volver atrás, abandonar o volver a la esclavitud y el pecado. Dios siempre nos traerá milagros.

> **No debemos nunca volver atrás, abandonar o volver a la esclavitud y el pecado. Dios siempre nos traerá milagros.**

La cena Séder

En la tradición judía, las comidas normalmente se bendicen después. Esto tiene sentido, ya que usted normalmente le daría las gracias a alguien por algo después de recibirlo, no antes. A mí, sin embargo, todavía me cuesta no darle las gracias al principio.

> Padre, bendigo este alimento. Que sea liberada una doble porción de bendición. Cualesquiera que sean las necesidades—físicas, económicas, familiares, o de cualquier otro tipo—, que sean suplidas. Padre, que esa bendición sea doble en nuestras vidas esta noche, en el nombre de Jesús, nuestro Mesías. Amén.

La comida comienza con la degustación del huevo cocido, que representa la ofrenda festiva llevada en los días del templo. La carne de este animal constituía la parte principal de la comida pascual. Hoy día, el huevo es una parte tradicional de la comida Séder, así como los arándanos, el relleno y el pavo son parte de nuestra fiesta de Acción de gracias.

De nuevo, como en la comida Shabat, hay muchas variaciones en lo que se puede o no servir. Una comida Séder bastante típica incluiría cosas como:

+ cordero asado (aunque pollo o pavo también está bien),
+ espinacas u otra verdura verde oscura,
+ una ensalada verde con aliño,
+ un huevo cocido,
+ arroz, sazonado con hierbas,

+ matzah (torta de pan), y
+ charoset (postre).

El afikomen

En griego, *afikomen* significa "postre". En tiempos antiguos, era el último bocado del cordero pascual que se comía al final de la comida. Hoy, queda representado por la mitad del medio matzah, que, cuando se rompe, se vuelve a colocar con los otros hasta el final de la comida. Para nosotros, esto también simboliza al Mesías, que vendrá a restaurar todas las cosas.

Cuando el líder se come el matzah, todos los participantes también debieran comer porciones de sus matzahs.

La copa de redención

Ahora llegamos a la tercera copa, que es la copa de la redención. Aquí, me gusta leer 1 Pedro 1:18–19:

> *Sabiendo que fuisteis rescatados de vuestra vana manera de vivir, la cual recibisteis de vuestros padres, no con cosas corruptibles, como oro o plata, sino con la sangre preciosa de Cristo, como de un cordero sin mancha y sin contaminación.*

Hemos sido redimidos. La palabra *redimido* significa "ser visto". A través de la sangre de Jesús, volvemos a ser vistos; literalmente, "vistos de nuevo" como hijos de las promesas y los pactos de Dios. No sólo hemos sido perdonados, sino también vistos bajo una nueva luz. En Levítico 16, después de sacrificar al cordero, el sumo sacerdote Aarón, mojó su dedo en la sangre de ese cordero y entró al Lugar Santísimo, donde esparció esa sangre sobre el propiciatorio del arca del pacto siete veces. El siete es un número muy significativo.

Representación de cada gota de sangre

¿Sabía que Jesús no sólo derramó su sangre en la cruz? De hecho, hubo siete lugares donde Jesús derramó su sangre. Al igual que Dios declaró a Israel que tenían que reunir toda la sangre de su cordero sacrificado, nosotros también debemos representar toda la sangre que fue derramada por el Cordero de Dios.

1. Él sangró en el huerto de Getsemaní. *"Y estando en agonía, oraba más intensamente; y era su sudor como grandes gotas de sangre que caían hasta la tierra"* (Lucas 22:44). Los médicos especialistas coinciden en que el intenso estrés y la agonía pueden hacer que los vasos sanguíneos que hay justamente debajo de la piel revienten, provocando que la sangre salga a la superficie.

2. Él sangró en el poste de los azotes. Jesús no sólo fue azotado sino también flagelado con tiras de cuero que contenían trozos de huesos o metales en las puntas para desgarrar la carne.

3. Él sangró por la corona de espinos. *"Y pusieron sobre su cabeza una corona tejida de espinas"* (Mateo 27:29). Los eruditos de la Biblia creen que esos espinos eran de unos siete u ocho centímetros de largo y se los clavaron hasta su cráneo.

4. Él sangró cuando le atravesaron sus manos. Los clavos atravesaron un agujero natural que tenemos en las muñecas. Si los romanos hubieran puesto los clavos atravesando las manos de sus víctimas, los huesos se hubieran roto y aplastado, y hubieran causado que el cuerpo de las víctimas se desgarrase. Sin embargo, clavar a la víctima por sus muñecas también causaba un sangrado significativo por los muchos vasos sanguíneos existentes en la zona.

5. Él sangró cuando atravesaron sus pies. La causa de la muerte en la crucifixión realmente era la asfixia. La cavidad torácica de la víctima se hundía, y la única manera de respirar era apoyarse en los clavos de los pies para elevar el pecho y poder conseguir algo de aire. ¡Qué tortura tan atroz! Normalmente se aceleraba la muerte rompiendo las piernas de la víctima para que ya no pudiese empujar y respirar, causando la asfixia; pero sabemos que, en el caso de Jesús, eso no fue necesario, porque Él entregó su vida; nadie se la quitó.

6. Él sangró cuando le atravesaron el costado. *"Pero uno de los soldados le abrió el costado con una lanza, y al instante salió sangre y agua"* (Juan 19:34).

7. Él sangró cuando *"herido fue por nuestras rebeliones, molido por nuestros pecados"* (Isaías 53:5). Molido se refiere al sangrado interno. Jesús sangró internamente porque su sufrimiento fue por el cuerpo, alma y espíritu de usted: de adentro hacia afuera.

> ### La sangre de Jesús es nuestra autoridad y unción.

Al igual que los israelitas habían de reunir toda la sangre del cordero pascual, así la copa de la redención debe incluir toda la sangre que Jesús vertió. La sangre de Jesús es nuestra autoridad y unción. Cuando el ángel de la muerte y la maldición viene a nuestra puerta, tiene que ver la sangre que usted ha aplicado a la puerta de su vida. Sin esa sangre, el enemigo puede entrar en su vida, aunque usted sea un hijo de Dios. Pero cuando ponemos esa sangre en la puerta, haciendo de Jesús nuestro Cordero pascual de una vez para siempre, Él puede romper las maldiciones de adicción, enfermedad y pobreza. Toda maldición queda rota, y toda bendición liberada.

En la Santa Cena, siempre distribuimos el pan y la copa en un rápido evento, pero en la Pascua, el partimiento del pan y la copa de redención están separados por la comida Séder. Así es como sucedió en Lucas:

> De igual manera, **después que hubo cenado**, tomó la copa, diciendo: Esta copa es el nuevo pacto en mi sangre, que por vosotros se derrama.　　　　　　　　　　　　　　(Lucas 22:20, énfasis añadido)

La copa de redención vuelve a comprar nuestra prosperidad, vuelve a comprar nuestra victoria, vuelve a comprar nuestra salud, vuelve a comprar nuestro gozo, y vuelve a comprar todo lo que esperamos. Por eso, cuando Jesús estaba en la cruz, no dijo: "Está en camino", y no dijo: "Estoy trabajando en ello", sino que dijo: *"Consumado es"* (Juan 19:30). La copa de la redención es para liberar el poder de la bendición de Dios en cada área de su vida. Declaremos una bendición sobre la tercera copa:

> Padre, te damos gracias que por la sangre de nuestro Cordero, por la sangre de Jesús, el Cordero del mundo, el Cordero de Dios, se rompe toda maldición y se libera toda bendición. Lo recibimos, en el nombre de Jesús. Amén y amén.

La copa de la consumación

La cuarta copa es la copa de la consumación. Es la copa de la última cosa. Esta es la copa que Jesús dejó, diciendo: *"porque os digo que no beberé más del fruto de la vid, hasta que el reino de Dios venga"* (Lucas 22:18). Les estaba diciendo a los discípulos que vendría un tiempo en que estarían de nuevo juntos en las bodas del Cordero. "No beberé más hasta que estemos juntos de nuevo". Cuando Jesús venga de nuevo, no vendrá a por una novia herida, estropeada e indignada. Él viene a por una novia hermosa, sin mancha ni arruga. Él viene a por una novia que ve la manifestación del poder de Dios en cada área de la vida. Jesús dijo: "Cuando beban esto, acuérdense de mí. Les dije que volveré, y les dije que voy a liberar mi poder. Haré estas cosas mediante el poder de mi sangre".

Así que levante la copa de la consumación y dese cuenta de que Jesús volverá, pero no volverá a por un puñado de perdedores. Cuando nos vayamos con Jesús—y creo que volverá pronto—, tenemos que estar preparados para el derramamiento de la bendición de Dios. Como Israel salió de la esclavitud con toda la riqueza de Egipto, así nosotros saldremos sanados, completos y totalmente bendecidos. Levante su copa y declare una bendición sobre ella.

Padre, te damos gracias por la sangre. Te damos gracias que Jesús derramó su sangre para liberarnos. Te damos gracias porque vas a volver a enviar a Jesús por nosotros: su novia gloriosa, manifestando todo el gozo, bondad y bendición que viene de conocer a Jesucristo como nuestro Cordero pascual. Yo libero esa unción en el nombre de Yeshúa, en el nombre de Jesús, nuestro Mesías.

Beba de la copa de consumación y diga: *"mazel tov"* que significa "buena suerte y bendición".

La copa por Elías

Al final del Séder, se derrama una última copa por el profeta Elías. En algunas comidas Séder, incluso hay un lugar vacío para él. Tradicionalmente, se dice que Elías visita cada hogar la noche del Séder como un presagio de su futuro regreso al final de los tiempos, cuando venga a anunciar la llegada del Mesías judío. Se envía a un niño a la puerta para ver si Elías está ahí. Si no, la puerta se deja abierta. Hacemos esto para que el resto del mundo pueda oír la Palabra de Dios, porque nuestro Padre, en su favor, nos ha dado al menos un día más para anunciar al mundo al Cordero de Dios—Jesucristo, nuestro Salvador—antes de que regrese.

El año que viene, en Jerusalén

Cada vez que una familia judía celebra la Pascua, terminan diciendo: "El año que viene en Jerusalén". Cuando realizan la Pascua, recuerdan cuando estaban en esclavitud, recuerdan su paso por el desierto, recuerdan ser una nación dispersa y perseguida por todo el mundo. Tras ser expulsados de Israel por los romanos alrededor del año 70 a.C., y teniendo su población dispersa por todo el globo, los judíos durante estos pasados dos mil años han terminado la Pascua diciendo: "Quizá el año que viene tendremos un hogar". Finalmente, ocurrió. Tienen su nación, y tienen Jerusalén. ¿Se da cuenta de que el año que viene podríamos estar celebrando la Pascua con el mismísimo Cordero?

Dios les dijo a los judíos que celebraran la Pascua *"ceñidos vuestros lomos, vuestro calzado en vuestros pies, y vuestro bordón en vuestra mano"* (Éxodo 12:11) como un recordatorio de lo repentinamente que vino su liberación. Los hijos de Israel habían sido esclavos en Egipto durante siglos. ¿Se imagina eso? Dios no les sacó en semanas o meses o años, sino de repente. Fue tan repentino que no tuvieron tiempo de hornear bien el pan. Fue tan repentino que no tuvieron tiempo de vestirse y hacer las maletas. Tenían que estar listos para irse *ya*. Siglos de reclusión, esclavitud y de hacer los ladrillos de otros, y Dios le dio a todo la vuelta en un instante.

¿Sucede algo distinto con nosotros? Jesús podría volver en cualquier momento, porque, como dijo: *"Velad, pues, porque no sabéis a qué hora ha de venir vuestro Señor"* (Mateo 24:42). Lo mismo podría ocurrirnos a nosotros. No estoy hablando necesariamente del rapto. Usted podría recibir su sanidad física o su libertad financiera. Su matrimonio podría ser restaurado, o un miembro de su familia podría ser liberado de una adicción. Puede ocurrir en un abrir y cerrar de ojos. ¿Por qué cree que Dios nos dijo que recordáramos la Pascua? Porque hay un poder sobrenatural en la Palabra de Dios que puede cambiar todo su mundo en este mismo día.

La fiesta de las Primicias

La tercera fiesta que tiene lugar durante este periodo de siete días ocurre en la segunda noche, y se llama la fiesta de las Primicias. Este era un recordatorio mucho más importante en el ambiente agrícola de los tiempos bíblicos.

La cebada era la primera cosecha que se plantaba en el invierno. En la Pascua, estaba empezando a estar madura para su cosecha primaveral. Por la ley levítica, los agricultores tenían que cortar una gavilla de la cosecha y, a través de una ceremonia meticulosa y cuidadosamente prescrita, llevarla al templo y presentársela a Dios.

> *Cuando hayáis entrado en la tierra que yo os doy, y seguéis su mies, traeréis al sacerdote una gavilla por primicia de los primeros frutos de vuestra siega. Y el sacerdote mecerá la gavilla delante de Jehová, para que seáis aceptos; el día siguiente del día de reposo la mecerá.*
>
> (Levítico 23:10–11)

La aceptación del Señor de los primeros frutos era una entrega como garantía por parte de Dios de una cosecha completa que vendría. En el calendario cristiano, la fiesta de las Primicias ocurre la noche antes de la celebración de la resurrección de Cristo. Se ha convertido en un símbolo del nuevo nacimiento.

Después de la ascensión de Jesús al cielo, los grandes debates doctrinales comenzaron a dividir a la Iglesia primitiva. El más notorio fue que algunas personas de la iglesia de Corinto comenzaron a esparcir la falsa creencia helenista llamada gnosticismo, la cual rechazaba el concepto de una resurrección física; por tanto, rechazaba también la resurrección física de Cristo. Los gnósticos reconocían sólo la inmortalidad del alma.

El apóstol Pablo intervino en el tema sugiriendo que si no había resurrección corporal, entonces Cristo no había sido resucitado de los muertos, su fe era en vano y sus seres queridos que habían muerto en Cristo habían perecido, y no había esperanza alguna. Afortunadamente, usó la fiesta de las Primicias para disipar esa idea.

> *Mas ahora Cristo ha resucitado de los muertos; primicias de los que durmieron es hecho. Porque por cuanto la muerte entró por un hombre,*

también por un hombre la resurrección de los muertos. Porque así como en Adán todos mueren, también en Cristo todos serán vivificados. Pero cada uno en su debido orden: Cristo, las primicias; luego los que son de Cristo, en su venida.   (1 Corintios 15:20–23)

Pablo tenía en mente la primera gavilla (primicias) de la cosecha de cebada. Cuando Dios aceptaba los primeros frutos, se convertían en la garantía de que el resto de la cosecha sería cosechada también. En el día de la fiesta de las Primicias, Jesús mismo se convirtió en nuestra ofrenda de "primeros frutos". Aunque un número de personas mencionadas en la Biblia resucitaron de los muertos (incluyendo a la hija de Jairo y Lázaro), finalmente volvieron a morir a su debido tiempo. Sin embargo, Jesús fue el primero en resucitar de la muerte y de la tumba para nunca volver a morir. Por medio de ese acto, Dios garantizó que el resto de la cosecha, aquellos a quienes Él llama sus hijos, un día formarían parte de esa cosecha.

La fiesta de la Pascua, junto con la fiesta de los Panes sin levadura y las Primicias, es una oportunidad para decirles a nuestros hijos, y para recordarnos a nosotros mismos, que la Pascua no es sólo una observancia religiosa hueca, sino que es para recordarnos que la cosecha venidera ha sido garantizada y que podemos ser llamados para ir a la Nueva Jerusalén en cualquier momento. Por tanto, debiéramos estar preparados para ir y llevar con nosotros a todos los que nos sea posible.

Dios sabe que necesitamos estos recordatorios. Él sabe que podemos enredarnos en esta vida hasta el punto de olvidar que nuestra vida no es sino un abrir y cerrar de ojos comparada con la eternidad. Esta vida es sólo para prepararnos para la próxima vida. ¿Está usted listo para ir?

9

La fiesta de Pentecostés

En el primer tratado, oh Teófilo, hablé acerca de todas las cosas que Jesús comenzó a hacer y a enseñar, hasta el día en que fue recibido arriba, después de haber dado mandamientos por el Espíritu Santo a los após- toles que había escogido; a quienes también, después de haber padecido, se presentó vivo con muchas pruebas indubitables, apareciéndoseles du- rante cuarenta días y hablándoles acerca del reino de Dios. Y estando juntos, les mandó que no se fueran de Jerusalén, sino que esperasen la promesa del Padre, la cual, les dijo, oísteis de mí. Porque Juan cierta- mente bautizó con agua, mas vosotros seréis bautizados con el Espíritu Santo dentro de no muchos días. Entonces los que se habían reunido le preguntaron, diciendo: Señor, ¿restaurarás el reino a Israel en este tiem- po? Y les dijo: No os toca a vosotros saber los tiempos o las sazones, que el Padre puso en su sola potestad; pero recibiréis poder, cuando haya venido sobre vosotros el Espíritu Santo, y me seréis testigos en Jerusalén, en toda Judea, en Samaria, y hasta lo último de la tierra. (Hechos 1:1–8)

L o último que Jesús hizo en esta tierra fue enseñar a sus seguidores que esperasen la venida del Espíritu Santo. Quiero que entienda por qué esto es tan importante. Si usted fuera a dejar a sus hijos, o es- posa, o a sus seres queridos, y no fuera a volver a verlos o a hablar con ellos cara a cara nunca más, lo último que les diría sería probablemente algo importante. No sería algo trivial. En sus últimas palabras, Jesús ordenó a sus seguidores que no se fueran de Jerusalén hasta que hubieran recibido al Espíritu Santo.

Nuestras tradiciones pueden limitar la obra del Espíritu Santo.

¿Por qué es esto tan importante? Los que nos llamamos cristianos "llenos del Espíritu" a menudo podemos pasar por alto el poder tras el Espíritu Santo. Igual que nuestras tradiciones pueden "*invalidar*" (Marcos 7:13) la Palabra de Dios, yo creo que nuestras tradiciones pueden también limitar la obra del Espíritu Santo. Jesús no estaba mandando a sus seguidores que permanecieran en Jerusalén hasta que hubieran aprendido a caerse y reírse. No les estaba ordenando que estuvieran hasta que hubieran aprendido a hacer una "caída de cortesía" cuando alguien orase por ellos. No me malentienda; no estoy diciendo que eso no sea de Dios, pero el Espíritu Santo es mucho más que sólo reírse o caerse hacia atrás. Me gusta lo que dijo mi amigo Creflo Dollar: "No me importa si usted se cae, pero cuando se levante, algo debe haber cambiado, ¡algo debe haber ocurrido!". Jesús les estaba ordenando que no se movieran, ¡porque en unos pocos días iban a recibir al Espíritu Santo en poder y fuerza!

> *Cuando llegó el día de Pentecostés, estaban todos unánimes juntos. Y de repente vino del cielo un estruendo como de un viento recio que soplaba, el cual llenó toda la casa donde estaban sentados; y se les aparecieron lenguas repartidas, como de fuego, asentándose sobre cada uno de ellos. Y fueron todos llenos del Espíritu Santo, y comenzaron a hablar en otras lenguas, según el Espíritu les daba que hablasen.*
>
> (Hechos 2:1–4)

Nuevamente, podemos perdernos lo que está ocurriendo aquí si leemos las Escrituras como cristianos y no como judíos del primer siglo. Podemos pensar que Pentecostés ocurrió el día que el Espíritu Santo cayó, pero es precisamente lo contrario: ¡el Espíritu Santo cayó el día de Pentecostés!

Jesús estaba a punto de ascender al cielo. No obstante, justamente antes de irse, les ordenó a sus seguidores que no fueran a ningún sitio hasta que hubieran recibido el Espíritu Santo. Unos días después, cuando estaban todos reunidos para la fiesta judía de Pentecostés, o *Shavuot*, el Espíritu Santo cayó sobre ellos. La Biblia dice que cuando vino, hubo estruendos y relámpagos y lenguas como de fuego, y todos comenzaron a hablar en otras lenguas.

Partos, medos, elamitas, y los que habitamos en Mesopotamia, en Judea, en Capadocia, en el Ponto y en Asia, en Frigia y Panfilia, en Egipto y en las regiones de Africa más allá de Cirene, y romanos aquí residentes, tanto judíos como prosélitos, cretenses y árabes, les oímos hablar en nuestras lenguas las maravillas de Dios. (Hechos 2:9–11)

Ellos comenzaron a hablar en todos los lenguajes existentes en esos tiempos; fue un milagro de Dios. Estaban alabándole en lenguas que no conocían. La gente a su alrededor que se había congregado para Pentecostés era de otros países, y oían en su propia lengua la alabanza y la adoración que se estaba proclamando allí. Ellos sabían que tenía que ser algo sobrenatural, y ocurrió un gran avivamiento.

Yo solía vivir en Arizona, y me acuerdo de mi pastor contando una historia como esta. Un día, cuando era un joven—antes de ser pastor—, estaba en una sala de oración antes de la reunión, hablando en lenguas y orando a Dios. De repente, habló en un lenguaje que nunca antes había experimentado. Cuando entró en la reunión, pudo sentir al Espíritu de Dios moviéndose. De repente, se puso en pie y comenzó a hablar en esa nueva lengua, mientras que en el otro lado del auditorio una mujer comenzó a interpretar. La interpretación es un don muy necesario en la iglesia hoy día. Es lo que ocurre cuando usted no entiende las lenguas que se están hablando, pero Dios le da el significado para compartirlo con la congregación.

Mientras esto sucedía, dos mujeres del pueblo navajo comenzaron a llorar, corrieron al frente y se postraron sobre sus rostros, arrepintiéndose delante de Dios. Aparentemente, el hombre que más adelante se convertiría en mi pastor estaba hablando fluidamente el lenguaje navajo mientras la mujer le interpretaba, palabra por palabra. Ambos eran del Cáucaso, sin una gota de sangre nativa americana. El navajo es uno de los lenguajes más difíciles del mundo para aprender, pero él lo habló de forma fluida por el Espíritu de Dios, y la mujer lo interpretó por el mismo Espíritu. Aquellas dos mujeres, sin embargo, no necesitaron interpretación, ya que instantáneamente reconocieron que estaban hablando en su lengua natal en la iglesia. Dios estaba diciéndoles esencialmente a esas mujeres navajas: "Yo sé quiénes son, y quiero alcanzarles. Reciban mi amor. Vuelvan a mí". Como respuesta, ellas recibieron al Señor ese día como su Salvador. Estos son dones reales del Espíritu.

El día de Pentecostés

Para entender lo que es verdaderamente el día de Pentecostés, debemos volver al libro de Éxodo.

> *Aconteció que al tercer día, cuando vino la mañana, vinieron truenos y relámpagos, y espesa nube sobre el monte, y sonido de bocina muy fuerte; y se estremeció todo el pueblo que estaba en el campamento. Moisés sacó del campamento al pueblo para recibir a Dios; y se detuvieron al pie del monte. Todo el monte Sinaí humeaba, porque Jehová había descendido sobre él en fuego; y el humo subía como el humo de un horno, y todo el monte se estremecía en gran manera.* (Éxodo 19:16–18)

En hebreo, esto es *Shavuot*, o Pentecostés. Es el día en que Dios le dio al mundo los comienzos de lo que sería la Biblia. Cuatro mil años después, cuando Jesús les ordenó a sus discípulos que no se fueran, nos dio el Espíritu Santo para que pudiéramos entender mejor la Biblia y caminar en el poder que tenemos a través de la resurrección y la sangre de Jesucristo.

Cuando cayó el Espíritu Santo, la Biblia dice que el lugar sufrió un temblor, y había truenos y relámpagos y lenguas como de fuego. Cuatro mil años antes, en el monte Sinaí, cuando Moisés recibió la Palabra de Dios, también hubo un temblor y truenos y relámpagos y fuego. El poder del Espíritu Santo es para darnos fuego: la unción, sabiduría y autoridad que Jesús pagó cuando derramó su sangre. Necesitamos este poder, porque Jesús dijo: "Dondequiera que vayan, digan que el reino de los cielos ha venido, y luego sanen a los enfermos, resuciten a los muertos y echen fuera demonios". (Ver Marcos 16:15–18). El poder del Espíritu Santo no es para que organicemos un espectáculo, sino para hacer descender fuego del cielo: el poder por el que pagó Jesús.

Una doble bendición de cosecha

> *Y contaréis desde el día que sigue al día de reposo, desde el día en que ofrecisteis la gavilla de la ofrenda mecida; siete semanas cumplidas serán. Hasta el día siguiente del séptimo día de reposo contaréis cincuenta días; entonces ofreceréis el nuevo grano a Jehová. De vuestras habitaciones traeréis dos panes para ofrenda mecida, que serán de dos*

décimas de efa de flor de harina, cocidos con levadura, como primicias
para Jehová.   (Levítico 23:15–17)

La palabra *gavilla* está traducida de la palabra hebrea *omer*, que significa "una medida". Todos los agricultores en Israel tenían que llevar una
gavilla de cebada en la época de la Pascua para presentársela a Dios. Era
la fiesta de las Primicias. Era una ofrenda para asegurar la madurez de
su cosecha. Dios les dijo que contaran siete Shabats y un día—cincuenta
días—desde ese día.

Cincuenta es el número de Pentecostés. Fueron cincuenta días desde Egipto hasta el monte Sinaí, donde Moisés recibió la Palabra de Dios.
Cincuenta días es también el número del jubileo, cuando Dios cancela todas las deudas, libera a todos y trae la nueva cosecha que hemos estado
esperando. Jubileo es el día en que Dios restaura todas las bendiciones que
hemos perdido, rechazado o dejado pasar.

Cincuenta días de preparación

El Talmud es una colección de escritos de rabinos judíos y eruditos con
comentarios sobre la ley, vida y costumbres judías. En el Talmud, muchos
rabinos judíos se preguntan por qué Dios esperó cincuenta días para darle a
Israel su Palabra. Los rabinos enseñan que nuestra redención no está completa simplemente con el hecho de ser libres, sino que la redención se completa
sólo cuando recibimos la Palabra de Dios y la cumplimos. Muchos cristianos salen de la esclavitud de "Egipto", pero no reciben la Palabra de Dios ni
viven por ella y, como resultado, se encuentran vagando en el desierto.

Algunas enseñanzas del Talmud dicen que después de cuatrocientos
años de cautividad en Egipto, Israel se había vuelto tan mundano que Dios
no pudo hablarles. Aunque eran los hijos de Dios, todavía seguían actuan-
do como el mundo. Mire a la iglesia de hoy. ¿La encuentra muy diferente?
Aquí va este pensamiento: si hemos nacido de nuevo, probablemente no
deberíamos fornicar nunca más. Aquí va otro pensamiento: si somos cristianos, probablemente deberíamos tener un aspecto distinto al del mundo.
No deberíamos tener que decirle a la gente que somos cristianos, sino que
la gente debería ser capaz de verlo simplemente observando lo que hacemos
y lo que no hacemos.

Por tanto, Dios creó una cuenta atrás, un tiempo de preparación y anticipación para recibir su Palabra. Es un tiempo para que nos aseguremos de que estamos listos para su revelación comprobando dos veces nuestro carácter. *¿Estoy sirviendo a Dios con todo mi corazón? ¿Es Él lo primero en mi vida, o ha sido reemplazado por algún tipo de ídolo en mi vida? ¿Estoy tratando bien a mi prójimo? ¿Estoy murmurando? ¿Tengo rencor? Quiero que Dios me perdone, pero quizá yo no estoy perdonando a otros.* Dios dijo: "Tienen que asegurarse de que su carácter esté alineado para que en este día, cincuenta días a partir de ahora, yo pueda darles una doble porción de la cosecha que viene".

Celebrar la fiesta de Pentecostés

> **Dios quiere liberar una revelación bíblica.**

Dios quiere liberar un Pentecostés sobre nosotros. Dios quiere liberar Shavuot. Él quiere liberar una revelación bíblica. Dios liberó a su pueblo sacándolo de las ataduras de la esclavitud y de muerte en Egipto, y luego, cincuenta días después, les dio la Torá, un camino a seguir. Él dijo: "Dondequiera que vayan, yo iré con ustedes. Les doy toda autoridad. Vayan por todo el mundo, y yo confirmaré mi Palabra con señales, milagros y prodigios". Los cincuenta días después de la Pascua—la cuenta del omer—es la preparación para la Palabra de Dios y para la revelación de su Espíritu.

¿Cómo guardamos Pentecostés? En primer lugar, es un tiempo de doble bendición. Cada Shabat de Pentecostés ungimos las manos de todos en señal de prosperidad. Imponemos manos sobre la frente de todos para recibir sabiduría, la unción, el poder y los dones del Espíritu: del Espíritu Santo. En segundo lugar, es un tiempo de jubileo, así que oramos para que se rompan todas las maldiciones y que se cancelen todas las deudas, en el nombre de Jesús. En tercer lugar, es el Shabat de Shabats, siete semanas del séptimo día. Es para recibir una medida extra de gozo y paz y para liberar una doble unción sobre sus hijos y los hijos de sus hijos.

Un Shabat de Shabats: es una doble bendición.

10

La fiesta de Rosh Hashaná

Rosh Hashaná literalmente significa "cabeza del año", y normalmente se le conoce como el "Año Nuevo judío". Se celebra en el otoño, normalmente cerca de finales de septiembre, y da comienzo a un periodo de diez días de arrepentimiento que termina con Yom Kipur, el Día de la expiación. En hebreo, Rosh Hashaná también significa "la apertura de la puerta". Es la apertura de las puertas del cielo. Al igual que nosotros a menudo hacemos reflexión y autoevaluación el día de Año Nuevo, el 1 de enero, también nos juzgamos a nosotros mismos en Rosh Hashaná. ¿Estoy dando mi diezmo? ¿Me estoy sacrificando? ¿Estoy siendo amable? ¿Estoy perdonando? ¿Estoy teniendo misericordia? ¿Estoy amando? Estos no son requisitos para la salvación, pero son formas de cumplir los dos mandamientos que Jesús dijo que resumían toda la ley y los profetas: amar a Dios y amar a los demás. Si estamos andando con Cristo en esto, tenemos las puertas del reino abiertas con todas las bendiciones del cielo. Después, la iglesia gloriosa de Jesucristo será sin mancha ni arruga.

La diestra de Jehová es sublime; la diestra de Jehová hace valentías. No moriré, sino que viviré, y contaré las obras de JAH. Me castigó gravemente JAH, mas no me entregó a la muerte. (Salmo 118:16–18)

En el próximo año:

+ Viviré y no moriré.
+ No quebraré.
+ No me enfermaré.

✦ Mi matrimonio no morirá.

✦ Voy a vivir y declarar las obras del Señor.

Me castigó gravemente JAH. ¿Qué significa eso? En Israel, durante cada día en los treinta días que preceden a Rosh Hashaná, el rabino toca una antigua trompeta: el *shofar*. El shofar era un aviso de que se aproximaba Rosh Hashaná. Durante esos treinta días, Dios hablaba a la gente. "Han estado murmurando; han estado engañando a Dios; no han perdonado". Durante treinta días, el Señor les castigaba, y ellos sabían que *"como castiga el hombre a su hijo, así Jehová tu Dios te castiga"* (Deuteronomio 8:5). Hoy día, sabemos que *"el Señor al que ama, disciplina"* (Hebreos 12:6). Las personas eran conscientes de que si no perdonaban a otros, el año siguiente no sería bueno. Si habían estado murmurando y haciendo daño, el año siguiente no sería bueno.

Las buenas noticias eran: *"mas no me entregó a la muerte"*. En otras palabras, puede que hayamos hecho algunas cosas mal, pero Dios no nos ha abandonado. Él está tocando esa trompeta para recordarnos que está en camino un nuevo año: un nuevo comienzo. Las cosas viejas pasaron; todas las cosas son hechas nuevas. (Ver 2 Corintios 5:17). Ahora, lea los siguientes versículos del Salmo 118:

Abridme las puertas de la justicia; entraré por ellas, alabaré a JAH.
Esta es puerta de Jehová; por ella entrarán los justos.

(versículos 19–20)

> **Somos los actos de caridad de Dios por la gracia.**

Recuerde que la palabra *justicia* es la palabra hebrea *tsedakáh*, que significa "caridad". Somos salvos por la caridad de Dios. Él nos miró y envió a Jesús como nuestro Mesías: para morir a fin de que pudiéramos vivir. Somos la justicia de Dios. Somos los actos de caridad de Dios por la gracia.

Miremos los nombres asociados con Rosh Hashaná. *Rosh* significa "nuevo" y *Hashaná* significa "año", así que es el año nuevo. En el calendario de Dios, hay dos años nuevos. La Pascua es el año nuevo espiritual cuando usted y yo nacimos. Es el día en que Jesús murió en la cruz. La Última Cena, en la que Jesús dirigió a sus seguidores en lo que ahora conocemos como Santa Cena, de hecho era una celebración de Pascua. Él partió el pan (su cuerpo) y bebió de la copa (su sangre) para poder decir, de hecho: "yo soy el Cordero pascual". Por tanto, la Pascua es el año nuevo *espiritual*.

Rosh Hashaná es el año nuevo *físico* o *civil*. Es similar a como algunos cristianos celebran sus cumpleaños físicos, el día en que nacieron, y sus cumpleaños espirituales, el día en que nacieron de nuevo. Rosh Hashaná es el comienzo del calendario civil de Dios, cuando Él limpia el último año a través de Jesucristo. La única manera de poder participar de esto es si tenemos a Jesús para haber sido "*injertados*" (Romanos 11:17) con estas promesas de pactos. Si usted tiene a Jesús, los pactos abrahámicos también son nuestros pactos.

La fiesta de las trompetas

Según el Talmud—un registro de las discusiones rabínicas pertenecientes a la ley, ética, costumbres e historia judía—Dios abre tres libros de juicio en Rosh Hashaná. El primero, el Libro de los justos, tiene todos los nombres de los que han regresado a Dios. El segundo, el Libro de los completamente malvados, tiene todos los nombres de los impíos escritos en él. El tercer libro tiene los nombres de todos los intermediarios: aquellos que aún no han sido juzgados y tienen diez días para arrepentirse. Si se arrepienten antes del Día de la expiación, Yom Kipur, sus nombres son añadidos al Libro de los justos. ¿Le resulta familiar? Recuerde las palabras de Jesús:

> *Yo conozco tus obras, que ni eres frío ni caliente. ¡Ojalá fueses frío o caliente! Pero por cuanto eres tibio, y no frío ni caliente, te vomitaré de mi boca.* (Apocalipsis 3:15–16)

Los tibios son los que conocen al Mesías pero no están haciendo nada con ese conocimiento. La persona tibia dice: "Señor, que mi nombre sea escrito en el Libro de los justos".

Si usted es un cristiano tan viejo como yo, quizá haya visto películas como *A Thief in the Night* (Como ladrón en la noche) o *Image of the Beast* (La imagen de la bestia), en las que ocurre el rapto y un predicador no es llevado. Una situación similar ocurre en la serie de ficción *Dejados atrás*. Los predicadores en esta serie eran tibios. Sepa esto: ¡Dios no quiere dejar a *nadie* atrás! Por eso, Él toca las trompetas y nos envía profetas, un Mesías y al Espíritu Santo, todo para decirnos lo mismo: "Corríjanse, corríjanse, corríjanse". No estamos hablando sólo de pecado, estamos hablando de conocer la verdad y no servir al Señor. En Rosh Hashaná, según el Talmud, Dios abre tres libros y se los muestra a nuestro espíritu. Nosotros reflexionamos sobre nuestra vida. ¿Estamos sirviendo a Dios? ¿Estamos haciendo algo por el reino? ¿Estamos siendo sal y luz en el mundo? Deberíamos querer estar haciendo estas cosas, no sólo para poder ir al cielo, sino también para poder experimentar el cielo aquí en la tierra y recibir la bendición de Dios sobre el próximo año.

> **En Rosh Hashaná, Dios nos despierta para poder darnos un año nuevo maravilloso.**

Recuerde que la palabra *justo* significa ser sal y luz en el mundo. En vez de ser parte de los problemas del mundo, necesitamos ser parte de la solución del mundo. En Rosh Hashaná, Dios nos despierta para poder darnos un año nuevo maravilloso. Por eso a veces también se le llama "fiesta de las trompetas". Dios está diciendo: "Despierten. Prepárense. Tienen diez días para meditar y corregir su vida".

Y habló Jehová a Moisés, diciendo: Habla a los hijos de Israel y diles: En el mes séptimo, al primero del mes tendréis día de reposo, una conmemoración al son de trompetas, y una santa convocación. Ningún trabajo de siervos haréis; y ofreceréis ofrenda encendida a Jehová.

(Levítico 23:23–25)

Hay tres razones en la Biblia para hacer sonar un shofar. La primera es para anunciar un nuevo rey. Cuando Jesús vuelva a buscarnos, sonará la trompeta, y volverá con un grito. Durante treinta días antes de Rosh Hashaná, los rabinos tocan el shofar para recordar al pueblo que se prepare. Cuando Jesús vuelva, no vendrá como un Cordero sino como un Rey para establecer la nueva Jerusalén. ¿Por qué deberíamos hacer sonar la trompeta? ¿Qué ocurre si viene mañana y usted es alguien tibio? El sonido de la trompeta anuncia la llegada del Rey.

En segundo lugar, es para llamar al ejército del Señor a la batalla. Los problemas de David con Betsabé ocurrieron porque él permaneció alejado de la batalla. Si queremos estar preparados para el rapto, necesitamos estar en la batalla. No se quede en casa cuando comience la batalla. ¿Qué hará que usted se mantenga en la batalla en lugar de hacerse tibio y escabullirse?

En tercer lugar, el sonido del shofar es una llamada a adorar. Es una llamada para que los tibios vuelvan a adorar.

> *Por lo cual dice: despiértate, tú que duermes, y levántate de los muertos, y te alumbrará Cristo. Mirad, pues, con diligencia cómo andéis, no como necios sino como sabios, aprovechando bien el tiempo, porque los días son malos.* (Efesios 5:14–16)

Aquí, el apóstol Pablo citó el libro de Isaías y dijo: "¡Despierta! Escucha el sonido de la trompeta. Despierta de tu sueño, porque si estás dormido, no estás aprovechando el tiempo. El Rey viene; el Novio viene; despierta, porque si viene y te encuentra dormido, dirás: 'Señor, no te olvides de mí', pero será demasiado tarde".

Parábola de las diez vírgenes

En la parábola de las diez vírgenes, las mujeres eran vírgenes porque recibieron al Mesías, y sus pecados fueron emblanquecidos como la nieve. Sin embargo, cinco de las vírgenes eran insensatas y no tenían aceite en sus lámparas para ser luz en el mundo.

> *Y a la medianoche se oyó un clamor: ¡Aquí viene el esposo; salid a recibirle! Entonces todas aquellas vírgenes se levantaron, y arreglaron sus lámparas. Y las insensatas dijeron a las prudentes: Dadnos de vuestro aceite; porque nuestras lámparas se apagan. Mas las prudentes respondieron diciendo: Para que no nos falte a nosotras y a vosotras, id más bien a los que venden, y comprad para vosotras mismas. Pero mientras ellas iban a comprar, vino el esposo; y las que estaban preparadas entraron con él a las bodas; y se cerró la puerta. Después vinieron también las otras vírgenes, diciendo: ¡Señor, señor, ábrenos! Mas él, respondiendo, dijo: De cierto os digo, que no os conozco.* (Mateo 25:6–12)

Cinco vírgenes tenían sus lámparas llenas de aceite, pero cinco fueron dejadas. ¿Cuántos van a ser dejados?

Porque el Señor mismo con voz de mando, con voz de arcángel, y con trompeta de Dios, descenderá del cielo; y los muertos en Cristo resucitarán primero. Luego nosotros los que vivimos, los que hayamos quedado, seremos arrebatados juntamente con ellos en las nubes para recibir al Señor en el aire, y así estaremos siempre con el Señor. Por tanto, alentaos los unos a los otros con estas palabras.

(1 Tesalonicenses 4:16–18)

Si el Señor vuelve esta noche, vamos a oír el grito y el toque, pero los oiremos *antes* de que Él venga. ¿Por qué antes de que venga? Porque no quiere dejar atrás a nadie, sino que quiere que todos se vayan con Él, y por eso va a tocar esa trompeta, diciendo: "¡Prepárense!". Cuando una mujer da a luz, no ocurre sin tener primero los dolores de parto. Esos dolores son señales y temblores avisando de lo que viene. Dios está removiendo las cosas, se está moviendo para que usted sepa cuándo es el tiempo. Cuando el momento del nacimiento de un bebé se acerca, el esposo prudente tendrá su maleta preparada, su auto lleno de gasolina y las indicaciones correctas para llegar al hospital. ¡Pobre del padre expectante que no esté preparado cuando llegue el momento!

Lo mismo ocurre con los creyentes en la tierra. Cuando el rapto se produzca, será mejor que nos encontremos sirviendo a Dios. ¿Está usted preparado? ¿Hay algo que necesite hacer para prepararse? ¿Necesita perdonar? ¿Necesita cambiar cosas en su vida? ¡Despierte! Igual que usted no quiere perderse la segunda venida del Señor, tampoco querrá perderse sus bendiciones para su vida para el próximo año.

Déjeme preguntarle algo. ¿Se ha apagado su fuego? ¿Se ha vuelto usted tibio? Con el paso de los años, el viento sopla, y la novia debe estar manteniendo vivo ese fuego. Siga encendiendo esa vela para que cuando el Novio vuelva, pueda ver su vela como una señal de que está listo para irse. Si su fuego se ha apagado, Rosh Hashaná es su noche para volver a dedicarse al Novio y para prepararse para un año de bendición como nunca antes ha experimentado.

Probablemente haya oído que Jesús volverá *"como ladrón en la noche"* (2 Pedro 3:10), ¿pero entiende que vuelve como ladrón en la noche sólo para los que no le están esperando? Él no va a sorprender a los que están obedientemente esperando, a los que reconocen las señales. Creo que estamos listos para experimentar algunas de esas señales. Estamos viendo guerras y rumores de guerras. Estamos viendo a Israel rodeada de enemigos. Estamos viendo a gobiernos asediados por el terrorismo hablando sobre poner chips de identificación en los ciudadanos. La profecía bíblica habla del final de los tiempos y de la formación de un gobierno mundial. Recientemente, China propuso el uso de una moneda única mundial. Yo le digo que estamos ante los dolores de parto. El Mesías no nos va a agarrar desprevenidos, pero si Él no viene este año, preparémonos para sus bendiciones. Preparémonos para que Él entregue las riquezas de los ricos en nuestras manos. Convirtámonos en la novia adornada con toda la unción y el poder de Dios.

¿Recuerda cuando los discípulos acudieron a Jesús y le preguntaron, "Señor, ¿cuándo vas a regresar"? La respuesta de Jesús fue: "No lo sé". *"Pero de aquel día y de la hora nadie sabe, ni aun los ángeles que están en el cielo, ni el Hijo, sino el Padre"* (Marcos 13:32). Él no estaba distrayéndoles; realmente no lo sabe. Quizá usted diga: "Yo creía que Jesús lo sabía todo". Él sabe todo menos eso. Sólo Dios sabe exactamente el momento. Mientras tanto, Jesús está ocupado.

Cuando uno va al Oriente Medio, puede ver casas un tanto peculiares. Se puede ver la casa principal, que ha estado ahí durante años; luego hay otra sección de la casa que parece como si hubiera estado ahí unos diez años. Otra sección más nueva que parece como si tuviera sólo cinco años. Después hay otra sección que aún se está construyendo. Todo esto es parte de una antigua tradición judía.

Un padre puede que tenga un hijo que se ha comprometido con una mujer de su pueblo o de otro pueblo. Un compromiso típico dura al menos un año. Durante ese periodo, la pareja está completamente separada. El novio permanece en la casa de su padre preparando una "mansión": una de esas adiciones peculiares. La novia, mientras tanto, honrará a la familia siendo una mujer virtuosa. Durante esta separación, el padre del novio quizá envíe espías para observar a la mujer. Si ella cambia durante ese año, el padre no dejará que el hijo vuelva a buscar a la novia. Nosotros aún no somos la novia de Cristo; estamos comprometidos con Él. Cuando ocurra el rapto, y nos sentemos en la cena de las bodas del Cordero, entonces nos convertiremos en su novia. Hasta entonces, el Padre nos está observando. Rosh Hashaná es ese tiempo en que el Padre dice: "Prepárate".

El día del regreso

Por tanto, Rosh Hashaná es, en primer lugar, un año nuevo: una reflexión y un nuevo comienzo. En segundo lugar, es la fiesta de las trompetas: llamándonos a prepararnos. En tercer lugar, es un tiempo de arrepentimiento, de regresar. Usted y yo estamos tomando la decisión de darnos la vuelta hacia el Padre. Si no conoce al Padre, vuélvase a Él. Si es un hijo pródigo, un hijo de Dios que se ha apartado, regrese al Padre. Si está tibio, regrese al fuego. Si ya está encendido, quédese en el fuego. Cuando regresamos a Dios, Él cambiará por completo nuestro mundo. Este año puede ser un punto de inflexión para el milagro de Dios en su vida.

> **Este año puede ser un punto de inflexión para el milagro de Dios en su vida.**

> *Y si alguno de vosotros tiene falta de sabiduría, pídala a Dios, el cual da a todos abundantemente y sin reproche, y le será dada.*
>
> (Santiago 1:5)

Santiago se estaba refiriendo a quienes no ven las promesas de Dios. "Si tiene falta de sabiduría—dijo—, ¿por qué no la pide? Dios se la dará". Seamos sinceros: ¿deberíamos ser todos sanados? Sí. ¿Deberíamos todos prosperar? Sí. Si Él salva a *uno* de nosotros, nos salvará a *todos*. Si Él quiere sanar a *uno* de nosotros, quiere sanarnos a *todos*. Si Él quiere bendecir a *uno* de nosotros, quiere bendecirnos a *todos*. Lo único que tenemos que hacer es girarnos. Santiago dijo que si algo va mal, si hay alguna carencia, le pidamos a Dios.

Rosh Hashaná es la noche en que nos juzgamos a nosotros mismos y nos giramos hacia Dios. El sonido de la trompeta es para despertarnos. Recuerde las enseñanzas de Pablo en relación con la Santa Cena.

> *Por tanto, pruébese cada uno a sí mismo, y coma así del pan, y beba de la copa. Porque el que come y bebe indignamente, sin discernir el cuerpo del Señor, juicio come y bebe para sí. Por lo cual hay muchos enfermos y debilitados entre vosotros, y muchos duermen.*
>
> (1 Corintios 11:28–30)

Nosotros nos juzgamos o examinamos a nosotros mismos en Rosh Hashaná para que al cabo de diez días seamos hallados justos. Cuando

Pablo dijo que *"muchos duermen"*, no quiso decir necesariamente que estaban físicamente muertos. Cuando usted recibe a Jesús, es nacido de nuevo, y el cielo es su hogar, pero puede seguir muerto, o dormido, a las promesas de Dios. Si está viviendo en pecado, está usted dormido y necesita una resurrección. Algunos están dormidos al hecho de ser justos y hacer buenas obras para otros. Para ellos, las promesas de Dios están muertas. Justo no sólo significa que hemos recibido a Jesús como nuestro Salvador. Ese es el primer paso; pero ahora que hemos recibido a Jesús como nuestro Señor y Salvador, tenemos que ser sal y luz del mundo. ¿Qué tal si usted se despertara esta mañana y dijera: "¿A quién puedo bendecir hoy? ¿Para quién puedo ser de ánimo? ¿A quién puedo serle motivo de gozo? ¿A quién le puedo recordar que el reino de Dios se ha acercado?".

Si no está haciendo obras de caridad—tzedakáh—en el mundo, usted no es justo. ¿Está llenando sus cajas tzedakáh del Shabat como una mitzvah para otros? Recuerde que sólo tenemos dos mandamientos: amar a Dios, y amar a otros como a nosotros mismos. ¿Se acuerda de la increíble historia de Jesús de las ovejas y los cabritos? El Rey condenó a los cabritos, no por lo que creyeron o no creyeron, sino por lo que hicieron o no hicieron.

> *Entonces dirá también a los de la izquierda: Apartaos de mí, malditos, al fuego eterno preparado para el diablo y sus ángeles. Porque tuve hambre, y no me disteis de comer; tuve sed, y no me disteis de beber; fui forastero, y no me recogisteis; estuve desnudo, y no me cubristeis; enfermo, y en la cárcel, y no me visitasteis. Entonces también ellos le responderán diciendo: Señor, ¿cuándo te vimos hambriento, sediento, forastero, desnudo, enfermo, o en la cárcel, y no te servimos? Entonces les responderá diciendo: De cierto os digo que en cuanto no lo hicisteis a uno de estos más pequeños, tampoco a mí lo hicisteis. E irán éstos al castigo eterno, y los justos a la vida eterna.* (Mateo 25:41–46)

Si quiere que su próximo año sea bendecido, traiga todos sus diezmos a la casa. Incluso la viuda llevó su pizca a la caja tzedakáh: la caja de la caridad. Ella tenía que ser una bendición para que cuando sonara la trompeta, fuera contada entre las que reparten bondad. Durante el siguiente año, ella no necesitaría esa pizca porque Dios le proveería con todo lo que necesitase y más.

> **La justicia no es simplemente la ausencia de pecado; la justicia también se trata de hacer lo correcto.**

La justicia no es simplemente la ausencia de pecado; la justicia también se trata de hacer lo correcto. ¿Hay alguien a quien tenga usted que perdonar? Perdónele para que Dios pueda perdonarle a usted. ¿Es usted negativo? Deje de serlo, porque está trayendo maldición sobre usted y bloqueando su bendición.

Es fácil ser bendecido. Cada día, tan sólo levántese y diga: "Dios, bendíceme hoy". Él lo hará. No hay nada malo en eso, ¿pero sabe usted cómo bendecir a los que tienen hambre o sed con un acto de caridad? Cada día, levántese y diga: "Dios, dame alguien a quien bendecir". No olvide dar su diezmo a su iglesia local. Cada vez que se encuentra con Dios, debería llevar una ofrenda. Así es como lo hacían en el templo. Cada vez que se reunían, se daba una ofrenda. Todos ponían algo en la caja tzedakáh, e incluso la viuda pobre pudo marcar la diferencia.

Pero dar no es una fórmula mágica. Si usted da pero no trata bien a su esposa, Dios no escuchará sus oraciones. Mucha gente da pero luego mata la semilla siendo negativo, destructivo o egoísta. Por eso no se trata sólo de dar. Dios dice que usted necesita revisarse. Tiene un nuevo año y diez días para hacer un inventario, porque Él quiere bendecirle en este próximo año.

11

La fiesta de Yom Kipur

Cada otoño, judíos alrededor del mundo reconocen el Yom Kipur, o el Día de la expiación, el décimo día después de Rosh Hashaná. En esta noche, al anochecer comienzan las veinticuatro horas de la fiesta del Yom Kipur: un tiempo señalado en el que Dios ha decidido reunirse con nosotros de una forma diferente a cualquier otro momento del año. Durante este encuentro, Dios escribe su nombre en el libro de las bendiciones para el año próximo con el fin de que las ventanas de los cielos se abran en su vida, su familia, sus finanzas y su futuro, ventanas que no se pueden cerrar en todo el año.

En las sinagogas judías, durante los cuarenta días previos a esta noche, la gente está oyendo el sonido del shofar, una trompeta antigua que llama al pueblo de Dios a despertarse. ¿Estamos sirviendo a Dios? ¿Estamos viviendo para Dios? ¿Estamos siendo el pueblo que Dios nos ha llamado a ser como la luz del mundo y la sal de la tierra?

El cuarenta es uno de los números más significativos de la Biblia. Durante cuarenta días y cuarenta noches, llovió cuando Noé estaba en el arca. Moisés ayunó cuarenta días para interceder por el pueblo de Dios en el monte Sinaí. Los doce espías fueron enviados a Canaán durante cuarenta días. Goliat estuvo desafiando al pueblo de Dios durante cuarenta días antes de que David le derribara con una piedra. Durante cuarenta días, Jonás advirtió a Nínive del juicio venidero. Jesús fue tentado en el desierto durante cuarenta días. Finalmente, hubo cuarenta días entre la resurrección de Jesús y su ascensión al cielo. Representa un tiempo de prueba y castigo; no de juicio sino más un tiempo de preparación y prueba.

El Dios al que servimos no nos está observando y esperando a que cometamos un error para poder juzgarnos. Él no está esperando que fallemos, sino todo lo contrario, está constantemente animándonos: "¡Hazlo bien, hazlo bien, hazlo bien!". ¿Por qué? Porque Goliat está cayendo. A lo mejor los cananeos son grandes, pero nuestro Dios es más grande; puede que Satanás crea que ha ganado, pero el poder de la resurrección está en camino. Nuestro Dios no es un Dios que desea castigar; es un Dios que desea dar bendiciones.

> **Nuestro Dios no es un Dios que desea castigar; es un Dios que desea dar bendiciones.**

Encontramos las bases para el Yom Kipur en el libro de Levítico:

Con esto entrará Aarón en el santuario: con un becerro para expiación, y un carnero para holocausto. Se vestirá la túnica santa de lino, y sobre su cuerpo tendrá calzoncillos de lino, y se ceñirá el cinto de lino, y con la mitra de lino se cubrirá. Son las santas vestiduras; con ellas se ha de vestir después de lavar su cuerpo con agua. (Levítico 16:3–4)

Antes de que el sumo sacerdote pudiera entrar en el Lugar Santísimo para intervenir a favor del pueblo de Dios, primero tenía que asegurarse de estar limpio. Como líderes cristianos y pastores, podemos sacar algo de esto. Por supuesto, somos salvos por gracia y no por obras, pero necesitamos entender que los pastores del pueblo de Dios tienen que estar limpios. Tenemos que limpiar el púlpito de adicción a drogas y alcohol, adulterio y pornografía, así como de avaricia y malversación financiera. Los hombres y las mujeres de Dios tienen que vivir vidas transparentes. En estos momentos me estoy predicando a mí mismo tanto como a cualquier otro que esté leyendo este libro.

Y hará traer Aarón el becerro de la expiación que es suyo, y hará la reconciliación por sí y por su casa. Después tomará los dos machos cabríos y los presentará delante de Jehová, a la puerta del tabernáculo de reunión. Y echará suertes Aarón sobre los dos machos cabríos; una suerte por Jehová, y otra suerte por Azazel. Y hará traer Aarón el macho cabrío sobre el cual cayere la suerte por Jehová, y lo ofrecerá en expiación. Mas el macho cabrío sobre el cual cayere la suerte por Azazel, lo presentará vivo delante de Jehová para hacer la reconciliación sobre él, para enviarlo a Azazel al desierto. (Levítico 16:6–10)

Esto es Yom Kipur.

Después degollará el macho cabrío en expiación por el pecado del pueblo, y llevará la sangre detrás del velo adentro, y hará de la sangre como hizo con la sangre del becerro, y la esparcirá sobre el propiciatorio y delante del propiciatorio. Así purificará el santuario, a causa de las impurezas de los hijos de Israel, de sus rebeliones y de todos sus pecados; de la misma manera hará también al tabernáculo de reunión, el cual reside entre ellos en medio de sus impurezas. Ningún hombre estará en el tabernáculo de reunión cuando él entre a hacer la expiación en el santuario, hasta que él salga, y haya hecho la expiación por sí, por su casa y por toda la congregación de Israel. Y saldrá al altar que está delante de Jehová, y lo expiará, y tomará de la sangre del becerro y de la sangre del macho cabrío, y la pondrá sobre los cuernos del altar alrededor. Y esparcirá sobre él de la sangre con su dedo siete veces, y lo limpiará, y lo santificará de las inmundicias de los hijos de Israel. Cuando hubiere acabado de expiar el santuario y el tabernáculo de reunión y el altar, hará traer el macho cabrío vivo.

(versículos 15–20)

Recuerde que hay dos ofrendas.

Y pondrá Aarón sus dos manos sobre la cabeza del macho cabrío vivo, y confesará sobre él todas las iniquidades de los hijos de Israel, todas sus rebeliones y todos sus pecados, poniéndolos así sobre la cabeza del macho cabrío, y lo enviará al desierto por mano de un hombre destinado para esto. (versículo 21)

Aarón confesó sus pecados, pero también confesó las maldiciones, o iniquidades que estaban sobre ellos debido a esos pecados. Si alguien había robado algo, eso era pecado, pero la maldición sobre la economía, empresas, cosechas y herederos de esa persona como resultado de su pecado era igual de mala. Eso era la *iniquidad*. Dios no sólo estaba perdonando su pecado, sino que también rompía la maldición. El Dios al que servimos es nuestro Padre, y su deseo es librarnos de todo "pensamiento religioso maloliente" que tengamos.

Los domingos antes de la iglesia, normalmente estoy en mi oficina del piso de arriba de la iglesia, reunido con todos nuestros pastores. Algunos de ellos están orando mientras yo trabajo furiosamente para terminar las notas de mi sermón. De vez en cuando, oigo una vocecita: "¿Saba?". Entran mis dos nietos, Asher y Judah, y puedo decirles que todo se detiene ante esos dos bebés. Nada de todo lo que me ha estado preocupando puede compararse con mi amor por esos dos pequeñines. Si yo, un hombre pecador y defectuoso, puedo amarles tanto, ¿cuánto más cree usted que un Dios perfecto será capaz de amarnos?

Cuando oramos, cuando acudimos hoy a Dios y decimos: "Abba Padre, tengo una necesidad", Él deja de hacer universos, deja de escuchar a las huestes celestiales, lo deja todo y dice: "¡Callen! ¡Han llegado mis bebés!". Sí, Él es Dios. Sí, Él es omnipotente. Sí, es omnipresente, y lo más importante, es su Papá. Cuando Jesús afrontó su última crisis en el huerto de Getsemaní, oró: *"Abba, Padre, todas las cosas son posibles para ti"* (Marcos 14:36). Jesús estaba diciendo básicamente: "Papito, Padre…".

Los rabinos enseñan que el amor de Dios es tan grande que nos oye cada día del año, pero en Yom Kipur Él está más cerca de la tierra. Está estableciendo su reino, donde ya no habrá más lágrimas, ni más dolor. No habrá carencia alguna ni dolor. En ese día, Él está más cerca de establecer su reino que en cualquier otro día del año. El Señor es nuestro Dios todos los días de la semana, pero en el Shabat, todo se multiplica. En Yom Kipur, todo vuelve a multiplicarse.

Expiación

Los judíos dejaron de hacer sacrificios de animales después de la destrucción de su templo, alrededor del año 70 d.C. No obstante, mientras existieron, esos sacrificios eran la principal forma en que los judíos adoraban y honraban a Dios. Primero, según la tradición judía, tenemos que darnos cuenta de que Dios requería dos sacrificios para la expiación—o perdón—de Israel. Eso también era parte del año nuevo del calendario de Israel, con lo cual era el momento en que Dios borraba todos los pecados del año anterior. Si usted es un empresario, esto podría ser algo parecido a un nuevo año fiscal donde se cierran los libros del pasado y se empieza un libro nuevo.

El sacerdote estaba en el templo, donde se preparaba, poniéndose una túnica blanca de lino: la única vez del año que la vestía. Mientras se preparaba, llegaban sus ayudantes hasta la puerta del templo, trayendo con ellos no un sacrificio, sino dos; según las Escrituras, dos machos cabríos. (Ver Levítico 16:7). Luego echaba suertes para ver qué macho cabrío sería sacrificado. Este animal del sacrificio se llevaba al templo, mientras que el otro se dejaba fuera. En los atrios del templo, los sacerdotes colocaban el sacrificio en el altar de bronce para que el sumo sacerdote le cortara el cuello. La sangre de ese macho cabrío era para cubrir los pecados de Israel. Cuando ocurría este sacrificio, la túnica blanca del sacerdote se llenaba de la sangre del animal. En la cultura judía, cuando algo se manchaba de sangre, se convertía en algo impuro e intocable.

Antes de que el sumo sacerdote entrara en el Lugar Santísimo con la sangre del sacrificio, se quitaba la túnica manchada y la colgaba a la vista de todo el pueblo. En vez de lavar sólo sus manos o sus pies, los otros sacerdotes lavaban completamente al sumo sacerdote de la cabeza a la punta de sus pies para asegurarse de que no quedase ni rastro de sangre en su cuerpo. Entonces, antes de aparecer nuevamente ante el pueblo, el sumo sacerdote se ponía una túnica blanca nueva. Su limpia reaparición era un recordatorio de que no importa lo que ellos hubieran hecho, habían acudido ante el Señor y su misericordia era nueva cada mañana.

De ahí, el sumo sacerdote, ahora lavado y vestido de blanco—un símbolo de pureza—, nuevamente se subía al altar de Dios. Como ahora era "puro" y estaba a punto de entrar en el Lugar Santísimo para hacer intercesión, nadie podía tocarle para no contaminarse, y cantaba una y otra vez estas palabras: "No me toquen con nada de este mundo, porque aún no he estado con el Padre". Entraba en el Lugar Santísimo—el único día del año que Dios se lo permitía—y salpicaba la sangre sobre el propiciatorio del arca del pacto siete veces. Esa era la expiación que liberaba la bendición y el perdón de Dios.

De forma similar, en el momento en que Jesús murió en la cruz nuestros pecados fueron limpiados, de una vez y para siempre. No me importa lo que usted hiciera ayer, ni me importa lo que hizo hace veinte años. El diablo puede que quiera traérselo de nuevo al presente, pero Jesús ya nos ha limpiado, y nuestros pecados se fueron por el desagüe. Ya no queda ningún resquicio de culpa. Nuestro Sacrificio, Jesús, vertió su sangre y murió a la vista de todos como la expiación permanente de nuestros pecados. Esta es la base para la profecía que dice:

> *Venid luego, dice Jehová, y estemos a cuenta: si vuestros pecados fueren como la grana, como la nieve serán emblanquecidos; si fueren rojos como el carmesí, vendrán a ser como blanca lana.*   (Isaías 1:18)

Los cristianos que confiesan, se arrepienten e imploran la sangre de Jesús son perdonados. A través de su sangre, somos limpiados, y aunque nuestros pecados *"fueran rojos como el carmesí, vendrán a ser como blanca lana".* No hay condenación para los que están en Cristo Jesús. (Ver Romanos 8:1). No hay condenación si nos arrepentimos. Tenemos que arrepentirnos. Usted no puede ser nacido de nuevo y drogadicto. No puede ser nacido de nuevo y fornicario. Tiene que arrepentirse, tiene que volver a Dios y alejarse de sus caminos pecaminosos. En el momento en que usted hace eso, su misericordia es nueva cada mañana.

Ahora vayamos al libro de Hebreos.

> *Pero estando ya presente Cristo, sumo sacerdote de los bienes venideros, por el más amplio y más perfecto tabernáculo, no hecho de manos, es decir, no de esta creación, y no por sangre de machos cabríos ni de becerros, sino por su propia sangre, entró una vez para siempre en el Lugar Santísimo, habiendo obtenido eterna redención. Porque si la sangre de los toros y de los machos cabríos, y las cenizas de la becerra rociadas a los inmundos, santifican para la purificación de la carne, ¿cuánto más la sangre de Cristo, el cual mediante el Espíritu eterno se ofreció a sí mismo sin mancha a Dios, limpiará vuestras conciencias de obras muertas para que sirváis al Dios vivo?*   (Hebreos 9:11–14)

Jesús, nuestro Sumo Sacerdote, manchado de sangre—la representación del pecado—fue sepultado en la tumba. Cuando volvió a aparecer de nuevo y salió de la tumba, era *"blanco como la nieve"* (Isaías 1:18). Hemos sido salvos de la maldición y llevados al poder resucitador de nuestro amante y Dios vivo, y como nuestro Sumo Sacerdote fue delante de nosotros, ahora podemos estar ante Dios sin mancha ni arruga.

Este es el pacto que haré con ellos después de aquellos días, dice el Señor:
Pondré mis leyes en sus corazones, y en sus mentes las escribiré.

(Hebreos 10:16)

Jesús dijo: "No penséis que he venido para abrogar la ley o los profetas;
no he venido para abrogar, sino para cumplir". (Ver Mateo 5:17). Dios dice:
"Pondré mis leyes en sus corazones". Esta es la razón por la que el Nuevo
Testamento no es un pacto *diferente* sino uno *mejor*. Los primeros Diez
Mandamientos fueron escritos sobre piedra; los segundos diez mandamientos fueron escritos en nuestro corazón. El hombre puede romper la
piedra, pero no puede romper lo que Dios ha escrito en el corazón. *"Pondré*
mis leyes en sus corazones, y en sus mentes las escribiré, añade: y nunca más me
acordaré de sus pecados y transgresiones" (Hebreos 10:16–17).

Muchos de ustedes probablemente se hayan postrado ante Dios y le
hayan suplicado, diciendo: "Señor, perdona mis pecados". Si eso fuera todo
lo que Dios hiciera sería maravilloso, pero Jesús no vino sólo para perdonar
nuestros pecados, sino también para derramar su sangre en siete lugares en
el propiciatorio de Dios y para romper la maldición del pecado y liberarnos
de la esclavitud.

Y nunca más me acordaré de sus pecados y transgresiones. Pues don-
de hay remisión de éstos, no hay más ofrenda por el pecado. Así que,
hermanos, teniendo libertad para entrar en el Lugar Santísimo por
la sangre de Jesucristo, por el camino nuevo y vivo que él nos abrió a
través del velo, esto es, de su carne, y teniendo un gran sacerdote sobre
la casa de Dios, acerquémonos con corazón sincero, en plena certidum-
bre de fe, purificados los corazones de mala conciencia, y lavados los
cuerpos con agua pura. Mantengamos firme, sin fluctuar, la profesión
de nuestra esperanza, porque fiel es el que prometió. Y considerémonos
unos a otros para estimularnos al amor y a las buenas obras.

(Hebreos 10:17–24)

Uno de los nombres para Yom Kipur en hebreo literalmente significa
"cara a cara". En Éxodo, Dios le dijo a Moisés que ningún hombre podía ver-
le cara a cara y vivir. (Ver Éxodo 33:20). Un día al año, sin embargo, al sumo
sacerdote le estaba permitido acudir ante la presencia de Dios y hablar con

Él por el pueblo. Gracias a Jesús, nuestro único sacrificio de sangre, ahora podemos entrar confiadamente en la presencia de Dios y reunirnos con Él personalmente. No obstante, esta reunión es un regalo, no una garantía.

Si yo hablase lenguas humanas y angélicas, y no tengo amor, vengo a ser como metal que resuena, o címbalo que retiñe. Y si tuviese profecía, y entendiese todos los misterios y toda ciencia, y si tuviese toda la fe, de tal manera que trasladase los montes, y no tengo amor, nada soy.

(1 Corintios 13:1–2)

> **Gracias a Jesús, nuestro único sacrificio de sangre, ahora podemos entrar confiadamente en la presencia de Dios.**

Puede que yo sea capaz de citar las promesas y profecías de la Escritura, pero si a la vez soy malo, desagradable, un racista intolerante, entonces lo único que estoy haciendo es ruido. No soy más que un *"metal que resuena o címbalo que retiñe"*. Puede que sea capaz de predicar buenos mensajes, tocar un instrumento con destreza o hacer mucho dinero en Wall Street, pero si no estoy siendo la luz del mundo y la sal de la tierra, si no estoy lleno de amor y compasión por otras personas, entonces Dios dice que no soy nada.

El amor nunca deja de ser; pero las profecías se acabarán, y cesarán las lenguas, y la ciencia acabará. Porque en parte conocemos, y en parte profetizamos; mas cuando venga lo perfecto, entonces lo que es en parte se acabará. Cuando yo era niño, hablaba como niño, pensaba como niño, juzgaba como niño; mas cuando ya fui hombre, dejé lo que era de niño. Ahora vemos por espejo, oscuramente; mas entonces veremos cara a cara. Ahora conozco en parte; pero entonces conoceré como fui conocido. Y ahora permanecen la fe, la esperanza y el amor, estos tres; pero el mayor de ellos es el amor. (1 Corintios 13:8–13)

El chivo expiatorio

El macho cabrío del sacrificio muere para que nosotros podamos vivir. Es culpado de la sangre y de la maldición de nuestro pecado. El sumo sacerdote emerge del Lugar Santísimo, y durante todo el año siguiente, los pecados del pueblo son cubiertos y liberadas las bendiciones de Dios. Él moja sus manos de nuevo en esa sangre, y confiesa las maldiciones. "Padre, hay enfermedades, matrimonios siendo destruidos, cosechas que se pierden, animales muriendo y pozos que se secan en este lugar". Esa es la maldición del pecado. Los pecados son cubiertos, pero él no realiza un sólo sacrificio, sino dos.

El macho cabrío del sacrificio está muerto, ¿pero qué ocurre con el otro macho cabrío? Es el "chivo expiatorio". Según la costumbre judía, este es el animal que se lleva nuestros pecados al desierto, para que nunca sean recordados. A menudo, este animal se despeñaba por un precipicio. Si usted fuera a Israel, vería que hay un precipicio justamente detrás de la puerta por la que salía corriendo este animal. Si moría, las maldiciones se rompían.

Si sobrevivía, normalmente se adentraba en el desierto. Si ese animal moría en el desierto, las maldiciones quedaban rotas. No hay agua en el desierto desde el Jordán al mar Rojo, así que el animal intentaría volver al lugar de donde comió y bebió por última vez. Si el animal lograba volver, los pecados del pueblo seguían siendo perdonados, pero la maldición permanecería y bloquearía las bendiciones de Dios.

El saber popular judío dice que Aarón ataba una cinta roja alrededor del cuello del chivo expiatorio y luego ataba una parte de la misma cinta a la puerta del templo. Cada día, esperaban para oír si el animal había muerto. Si los judíos se arrepentían y el animal había muerto en el desierto, la cinta de la puerta del templo milagrosamente se volvía blanca: una señal visible para el pueblo del perdón de Dios. En la Mishná—los libros de la sabiduría judía—se dice que a veces se volvía blanca y a veces no. A veces la maldición se rompía, y a veces no. La Mishná también dice que cuarenta años antes de la destrucción del templo, la cinta dejó de volverse blanca. Como el templo fue destruido alrededor del año 70 d.C., la cinta hubiera dejado de ponerse blanca alrededor del año 30 d.C., o el tiempo exacto en que Jesús murió en la cruz, convirtiéndose en nuestro Cordero pascual y rompiendo la maldición de todos para siempre.

Yom Kipur

Principalmente, Yom Kipur es un día de arrepentimiento. Cuando nos arrepentimos, es más que una simple confesión. Una de las palabras

hebreas para *arrepentimiento* es *teshuvah*, que significa "dar la vuelta".
Arrepentimiento, por tanto, es algo más que simplemente decir que lo sien-
te. Significa que se alejará de su camino pecaminoso y dará la vuelta hacia
Dios. Significa que no va a volver a hacerlo más. ¿Tiene un mal carácter?
Arrepiéntase. ¿Es usted hosco con sus vecinos y compañeros de trabajo?
Arrepiéntase. ¿Está engañando a Dios? Arrepiéntase. ¿Está siendo egoísta?
Arrepiéntase. No lo hacemos como una forma de sacar la entrada para el
cielo, porque somos salvos por gracia, sino para limpiar esos pecados a fin
de estar *"blancos como la nieve"* (Isaías 1:18), entrar en el Lugar Santísimo
y reunirnos con Dios, donde nuestros nombres están escritos en el Libro
de la bendición.

Lo segundo que hacemos es ayunar—dejar de comer—durante veinticuatro horas. Yo no sé usted, pero a mí no me gusta nada ayunar. Me
recuerda lo débil que soy y lo mucho que estoy influenciado por mis apeti-
tos físicos. Cuando usted ayuna, se supone que es para leer la Biblia y orar.
Cuando estoy de ayuno, me parece que todo lo que leo en la Biblia me habla
de la comida. *"Yo soy el pan de vida"* (Juan 6:48) ¡Oh, el pan de vida! *"Yo tengo una comida que comer, que vosotros no sabéis"* (Juan 4:32). ¡Oh, si pudiera
comerme un sándwich de jamón! Por eso, siempre que haga un ayuno, es
importante saber por qué está ayunando. En el libro de Isaías, Dios le dice
al pueblo que están ayunando incorrectamente y con motivos erróneos.

> *¿No es más bien el ayuno que yo escogí, desatar las ligaduras de impie-*
> *dad, soltar las cargas de opresión, y dejar ir libres a los quebrantados, y*
> *que rompáis todo yugo? ¿No es que partas tu pan con el hambriento, y*
> *a los pobres errantes albergues en casa; que cuando veas al desnudo, lo*
> *cubras, y no te escondas de tu hermano?*   (Isaías 58:6–7)

Ayunar tiene algo que despierta sus sentidos a nuevas experiencias.
Cuando estamos gordos, hay sentimientos y sensaciones que no percibimos.
Cuando usted ayuna, no siempre se siente bien. En muchas maneras, ayunar
nos recuerda cómo se sienten otros. Usted tiene hambre. Las estadísticas
mundiales de ayuda informan que una tercera parte del mundo se acuesta
con hambre cada noche, y no se trata sólo de personas del tercer mundo. No
importa dónde viva usted, seguro que hay personas en su comunidad que
pasan hambre. Una de las cosas que se supone que debe hacer la iglesia es

cuidar de ellos. Jesús dijo: *"Porque tuve hambre, y me disteis de comer; tuve sed, y me disteis de beber"* (Mateo 25:35). Ayunar nos ayuda a recordar.

Entonces nacerá tu luz como el alba, y tu salvación se dejará ver pronto; e irá tu justicia delante de ti, y la gloria de Jehová será tu retaguardia. Entonces invocarás, y te oirá Jehová; clamarás, y dirá él: Heme aquí. Si quitares de en medio de ti el yugo, el dedo amenazador, y el hablar vanidad; y si dieres tu pan al hambriento, y saciares al alma afligida, en las tinieblas nacerá tu luz, y tu oscuridad será como el mediodía. Jehová te pastoreará siempre, y en las sequías saciará tu alma, y dará vigor a tus huesos; y serás como huerto de riego, y como manantial de aguas, cuyas aguas nunca faltan. Y los tuyos edificarán las ruinas antiguas; los cimientos de generación y generación levantarás, y serás llamado reparador de portillos, restaurador de calzadas para habitar.

(Isaías 58:8–12)

Aquí, Dios está hablando de un año de bendición. Primero, nos arrepentimos. Luego ayunamos veinticuatro horas; nos negamos a nosotros mismos. Como pasa con el Shabat y la Pascua, no somos legalistas. Beba agua, o quizá un poco de zumo de fruta. Haga lo que pueda para negarse a sí mismo. Algunas personas usan sus dolores de hambre como un recordatorio para orar. Créame, comience a hacerlo y el maligno dejará de enviarle dolores de hambre. Tome el dinero que se hubiera gastado en comida y entréguelo para obras benéficas.

Lo tercero que hacemos es llevar un sacrificio. La palabra *sacrificio* no es lo que nos han enseñado en el cristianismo. Significa "llevar un regalo". Pensamos que *sacrificio* significa "estar sin", pero no es así. *Sacrificar* es llevar un regalo de honor. Estamos honrando a Dios por ese año pasado, pero también estamos honrando a Dios por el año que sabemos que va a darnos. En hebreo, *sacrificio* es la palabra *korban*, cuya raíz significa "cercanía" o "proximidad".

En Malaquías, Dios instó a su pueblo a regresar (arrepentirse) y acercarse (sacrificar) a Él:

Desde los días de vuestros padres os habéis apartado de mis leyes, y no las guardasteis. Volveos a mí, y yo me volveré a vosotros, ha dicho Jehová de los ejércitos. Mas dijisteis: ¿En qué hemos de volvernos?

¿Robará el hombre a Dios? Pues vosotros me habéis robado. Y dijisteis: ¿En qué te hemos robado? En vuestros diezmos y ofrendas....Traed todos los diezmos al alfolí y haya alimento en mi casa; y probadme ahora en esto, dice Jehová de los ejércitos, si no os abriré las ventanas de los cielos, y derramaré sobre vosotros bendición hasta que sobreabunde.

(Malaquías 3:7–8, 10)

Dios dice: "Acercáos. Voy a abrir el Lugar Santísimo, voy a abrir las ventanas de los cielos". En Rosh Hashaná se abren las ventanas de los cielos; en Yom Kipur se cierran. El que esté dentro, está dentro. El que esté fuera, está fuera.

¿Se acuerda cuando Jesús vio que la viuda echaba su moneda en el arca de las ofrendas?

Estando Jesús sentado delante del arca de la ofrenda, miraba cómo el pueblo echaba dinero en el arca; y muchos ricos echaban mucho. Y vino una viuda pobre, y echó dos blancas, o sea un cuadrante. Entonces llamando a sus discípulos, les dijo: De cierto os digo que esta viuda pobre echó más que todos los que han echado en el arca; porque todos han echado de lo que les sobra; pero ésta, de su pobreza echó todo lo que tenía, todo su sustento.

(Marcos 12:41–44)

La viuda puso todo lo que tenía en las manos de Dios porque Él era la fuente de bendición para el año siguiente. Ella ya no iba a necesitar más ese dinero. Dios dice: "pruébame en esto, y verás si no recibes más bendición de la que puedas manejar".

Puede que usted diga: "Bueno, Jesús no habló sobre el diezmo". De hecho, sí lo hizo. Jesús dijo: *"Mas ¡ay de vosotros, fariseos! que diezmáis la menta, y la ruda, y toda hortaliza, y pasáis por alto la justicia y el amor de Dios. Esto os era necesario hacer, sin dejar aquello"* (Lucas 11:42). Él alabó a los fariseos por diezmar, lo cual era algo que se esperaba de ellos, pero luego los desafió a hacer más. Jesús no necesitaba hablar más del diezmo porque lo estaban haciendo. Si usted quiere que Dios abra las ventanas de los cielos, este es el día para asegurarse de que está en el camino para que Dios pueda entrar en el Lugar Santísimo por usted. Jesús pagó el precio y abrió esa puerta, para que usted y yo ya no estemos más separados de Dios. Podemos entrar y acudir ante el Dios de Abraham, de Isaac y de Jacob.

Lo que más quiero, por encima de todo, es que usted entienda bien quién es en Jesús. *¡Usted es coheredero con Cristo!*

Usted dirá: "Bueno, yo acabo de convertirme". No importa. Usted es coheredero con Cristo.

Usted dirá: "Bueno, yo era pastor, pero me aparté". No importa. Vuelva al Señor; usted es coheredero con Cristo.

Usted dirá: "Bueno, soy traficante y drogadicto, pero estoy listo para dejarlo". Vuélvase a Dios, y se convertirá en coheredero con Jesucristo.

¿Sabe lo que eso significa? ¿Se da cuenta del privilegio que tiene? Como heredero, puede ir ante el trono de su papá, como mis hijos corren y entran en mi oficina. Todo se detendrá.

Tan solo dígale lo que quiere.

"Jesús, sáname".

Consumado es.

"Jesús, bendíceme".

Consumado es.

"Jesús, salva mi matrimonio".

Consumado es.

"Jesús, salva a mis seres queridos".

Consumado es.

Regrese a Él. Arrepiéntase, y rompa la maldición.

Se rompe una maldición

Charlotte descubrió que se encontraba en un importante punto de crisis en su vida. Su esposo la había dejado de repente. Era un buen hombre, pero permitió que el enemigo plantara una semilla de división en su matrimonio. Una noche, Charlotte se despertó llorando y encendió la televisión. ¿Quién estaba en la televisión sino yo predicando sobre maldiciones y bendiciones generacionales y las raíces judías de nuestra fe? Charlotte fue tan tocada que inmediatamente hizo una reserva para Dallas para poder asistir a nuestra siguiente reunión de domingo. Oramos personalmente por Charlotte ese domingo y pedimos que se rompiera la maldición de divorcio en su familia.

Nada más volver a su casa en Alabama, Charlotte recibió una llamada de teléfono. Era su esposo preguntando si podía verla. Inmediatamente después de entrar por la puerta, se puso de rodillas y le ofreció su anillo de bodas. Él le pidió que le perdonara, le volviera a aceptar en su vida y se volviera a casar con él. Charlotte dijo que sí, y desde entonces "fueron felices y comieron perdices", y de esto hace ya más de dos años. También se han convertido en fieles colaboradores de nuestro ministerio, y se han vuelto a enamorar el uno del otro y de las enseñanzas de las raíces judías.

12

La fiesta de Sucot

D espués de meditar en nuestra vida y dar la bienvenida al refrescante comienzo del año nuevo en Rosh Hashaná, y después de ayunar y volvernos a Dios con arrepentimiento en Yom Kipur, llegamos a una época que se llama Sucot, o la fiesta de los tabernáculos. Esta es una celebración de la bondad y el gozo del Señor. Hemos pasado por un periodo solemne de reflexión y crítica autoevaluación, y quizá no nos han gustado algunas de las cosas que hemos visto en nosotros mismos. Por tanto, regresamos a Dios para ser limpiados en su santidad. Ahora es un tiempo para celebrar el hecho de que hemos sobrevivido. Le damos gracias a Dios por las abundantes cosechas del año anterior y ansiamos una mayor cosecha de bendición de gozo, finanzas, salud, familia y ministerio.

> *Y habló Jehová a Moisés, diciendo: Habla a los hijos de Israel y diles: A los quince días de este mes séptimo será la fiesta solemne de los tabernáculos a Jehová por siete días....En tabernáculos habitaréis siete días; todo natural de Israel habitará en tabernáculos para que sepan vuestros descendientes que en tabernáculos hice yo habitar a los hijos de Israel cuando los saqué de la tierra de Egipto. Yo Jehová vuestro Dios. Así habló Moisés a los hijos de Israel sobre las fiestas solemnes de Jehová.* (Levítico 23:33–34, 42–44)

La fiesta de los tabernáculos, o Sucot, es muy parecida a lo que en Norteamérica celebramos en el día de Acción de Gracias. Ocurre casi en la misma época del año. De hecho, según los historiadores, los peregrinos celebraron el primer día de Acción de Gracias probablemente inspirados por el Sucot. Los peregrinos eran personas muy religiosas, y cuando salieron de Europa, lo vieron como algo simbólico de Israel saliendo de Egipto. Para aquellos primeros colonizadores, Dios sacándoles a través del océano Atlántico hasta su tierra prometida fue algo parecido a los israelitas cruzando el mar Rojo. La razón por la que llegaron fue para adorar al Dios de Abraham, de Isaac y de Jacob, libres de la persecución de la Iglesia Católica y de la Iglesia de Inglaterra. Se llamaron a sí mismos judeocristianos. Después de llegar, experimentaron muchas dificultados, pero también reconocieron las bendiciones que Dios les había proporcionado.

El milagro de la provisión de Dios

Hoy día estamos tan familiarizados con la historia de la liberación de Israel de Egipto que los detalles pueden parecer casi triviales, pero cuando usted piensa en ello, Israel realmente debería de haber perecido muchas veces durante esta historia. Piense en todos los acontecimientos insólitos. Primero, el faraón asesino y hambriento de poder los dejó ir. Segundo, salieron con toda la riqueza de Egipto. Tercero, con los carros del faraón persiguiéndolos, Dios abrió un mar para que escaparan. Cuarto, con poca comida y agua en el cálido desierto, Dios proveyó maná cada día e hizo que el agua brotara de una roca. Ellos no experimentaron ninguna enfermedad. Sus zapatos nunca se desgastaron.

> **Dios es *Jehová Yiréh*, el que sana y el que libera.**

Para conmemorar ese tiempo milagroso, Dios le pidió a su pueblo que construyera "tiendas" que sirvieran como recordatorio de su morada temporal cuando atravesaron el desierto. Era para recordarles que Dios es *Jehová Yiréh*, el que sana y el que libera. Él es quien destruye a nuestros enemigos y provee alimento y agua en lugares secos. ¿Por qué es tan importante tener estos recordatorios? De nuevo, Dios es muy consciente de nuestra corta memoria.

No suceda que comas y te sacies, y edifiques buenas casas en que habites, y tus vacas y tus ovejas se aumenten, y la plata y el oro se te multipliquen, y todo lo que tuvieres se aumente; y se enorgullezca tu corazón, y te olvides de Jehová tu Dios, que te sacó de tierra de Egipto, de casa de servidumbre; que te hizo caminar por un desierto grande y espantoso, lleno de serpientes ardientes, y de escorpiones, y de sed, donde no había agua, y él te sacó agua de la roca del pedernal; que te sustentó con maná en el desierto, comida que tus padres no habían conocido, afligiéndote y probándote, para a la postre hacerte bien; y digas en tu corazón: Mi poder y la fuerza de mi mano me han traído esta riqueza. Sino acuérdate de Jehová tu Dios, porque él te da el poder para hacer las riquezas, a fin de confirmar su pacto que juró a tus padres, como en este día.

(Deuteronomio 8:12–18)

Por eso, cada año Dios le decía a su pueblo que construyera una pequeña tienda y que morase en ella durante siete días. Cuando Israel vagó por el desierto durante cuarenta años, se construyeron alojamientos que podían desmontar, enrollar y llevarse inmediatamente. Estaban hechos principalmente con palos y pieles de animales y hojas de palmera: lo que encontraban. Tenía que ser portátil y ligero porque el pueblo tenía que estar constantemente listo para las nuevas instrucciones de Dios. Tenían que ser capaces de ver a través el techo porque Dios les guiaba con una nube de humo por el día y una columna de fuego por la noche. Esas señales eran su sistema de GPS, y tenían que ser capaces de verlas constantemente en caso de que comenzaran a moverse. Si perdían la pista de esas señales, y, por tanto, de Dios, sabían que el desierto en el que estaban finalmente los devoraría. ¿Qué nos dice a nosotros esto hoy día? Que no importa cuánta bendición tengamos, tenemos que mantener nuestros ojos en Dios, porque Él es nuestra Cubierta, nuestro Proveedor y nuestro Sanador. Si le perdemos de vista, el mundo en el que estamos también puede que nos destruya.

Si alguna vez ha estado usted en Israel, sabrá que el desierto no sólo es cálido, sino letalmente caliente. Por eso durante el día la columna era una nube, que les daba sombra. Por la noche, el desierto puede ser un lugar realmente frío; por tanto, la columna por la noche estaba hecha de fuego, que les calentaba. Puede que se encontraran vagando por el desierto, pero también estaban vagando en lo sobrenatural. Era sobrenatural que salieran con toda la plata y el oro de Egipto. Era sobrenatural que cruzaran por un mar abierto y lo vieran "cerrarse" para destruir a sus enemigos. Era sobrenatural que saliera agua de una roca. Era sobrenatural que la comida les cayera del cielo. Era sobrenatural que, tras caminar por el desierto durante cuarenta años, sus zapatos y su ropa nunca se desgastaran ni se rompieran. Era sobrenatural que nadie se pusiera enfermo. Pero luego Dios dijo: "Todavía no han visto nada. Este año próximo, tengo más bendiciones para ustedes de lo que se pueden imaginar, pero no aparten sus ojos de mí, porque yo soy el que les cubro por el día y les protejo por la noche. Si apartan sus ojos de mí y los ponen en lo que tienen, o si no están dispuestos a moverse cuando yo lo digo, entonces la unción les dejará, y se quedarán solos en el desierto".

Cuando más necesidad tenemos, debemos mantener nuestros ojos en Dios. Oramos diligentemente: "¡Oh Señor, ayúdame!". Luego, cuando llega la respuesta, nos enfriamos un poco. Cuando nuestro matrimonio es sanado y nuestras carreras ya han despegado, comenzamos a perder al Señor de vista. Por eso, Dios quiere recordarnos que en el desierto era sobrenatural. Durante cuarenta años los israelitas tuvieron que depender de un Dios sobrenatural. No había tiendas, ni cosechas ni agua. Durante cuarenta años, tan sólo había Jehová Yiréh, y era más que suficiente.

Fiesta de las naciones

Sucot también se conoce como la fiesta de las naciones. En este día, Dios les pidió a los israelitas que sacrificaran setenta toros. Esto puede parecer extraño en el mundo de hoy, pero la Biblia dice que había setenta naciones en esa época. En hebreo, la palabra *salvación* es la palabra *sozo*, que significa "perdón", pero también significa "prosperidad", "sanidad", "gozo" y "paz". Lo que estaban haciendo era ofrecer un sacrificio no sólo por el pueblo judío, sino también por cada nación de la tierra. Recuerde que Dios le dijo a Abraham que a través de él, todas las naciones de la tierra serían bendecidas.

En las enseñanzas judías existe lo que se llama el periodo mesiánico, un tiempo en el que el Mesías volverá, y todas las naciones de la tierra le reconocerán y se reunirán en Sucot en Jerusalén, donde viviremos bajo la bendición del Mesías, y cada área de nuestra vida será cuidada para siempre. Así, comenzando en Sucot y durante siete días más, todos los sacerdotes de Jerusalén se reunían en el templo y se dividían en tres grupos diferentes. Un grupo salía por la puerta principal. Otro grupo salía por la puerta Este, y el tercer grupo salía por la puerta del agua. Un grupo salía para reunir los sacrificios para una ofrenda de sangre. El siguiente grupo bajaba a un cierto lugar al oeste de Jerusalén, donde cortaban largas ramas de sauces. El tercer grupo se iba con el sumo sacerdote al estanque de Shalom—el mismo estanque donde Jesús sanó al ciego—y usaba un cántaro dorado para tomar su "agua viva". Acompañándolos estaría un asistente que llevaba una tinaja de vino.

En cierto momento, los tres grupos se dirigían hacia las puertas del templo, sonaba el shofar y los tres grupos se reunían exactamente en el mismo momento con el sacrificio, las ramas y el agua y el vino. En el momento en que todos se reunían, volvía a sonar el shofar. Esto llamaba a un hombre que comenzaba a tocar una flauta: siempre un símbolo de la llegada del Mesías, a quien también llamaban "el atravesado". El primer grupo era el que tenían los toros: un sacrificio para que todo el mundo pudiera ser adoptado en la familia del Dios de Abraham, de Isaac y de Jacob. Después de que la sangre estuviera por todo el altar, quitaban las reses muertas. Luego entraban los que tenían las ramas, y arreglaban éstas sobre el altar, en ángulo hacia arriba para hacer una tienda o una carpa de bodas. Así, la sangre se vertía y la carpa se montaba, simbolizando que el Mesías vendría y sería el Novio de todo el pueblo de Dios. El tercer sacerdote venía luego y vertía el agua sobre esa sangre, simbolizando el Espíritu Santo y un derramamiento de gozo. Después, el sacerdote asociado derramaba vino sobre el agua y la sangre, el símbolo de un pacto matrimonial. Imagine lo poderoso que fue para los judíos del primer siglo que estaban familiarizados con esta ceremonia cuando Jesús acudió a una celebración de bodas en Caná y convirtió el agua en buen vino. ¿Qué mejor forma podía haber elegido Jesús para anunciar que había llegado el Mesías?

La llamada del Mesías

Ahora avancemos hasta el siglo I. Es la fiesta de los tabernáculos, y Jesús está en el templo celebrando el Sucot.

> *Estaba cerca la fiesta de los judíos, la de los tabernáculos.... En el último y gran día de la fiesta, Jesús se puso en pie y alzó la voz, diciendo: Si alguno tiene sed, venga a mí y beba. El que cree en mí, como dice la Escritura, de su interior correrán ríos de agua viva.*
>
> (Juan 7:2, 37–38)

Ahora bien, a menos que esté familiarizado con las raíces judías de su fe, ¿cómo puede saber lo que realmente significa este pasaje? Este era el último día de la fiesta: el día en el que toda la gente llegaba para entrar al templo. En el séptimo día, el sacerdote derramaba agua sobre el altar siete veces, y caminaban alrededor del altar siete veces, gritando cada vez: "¡Sálvamos!". Estaban llamando a su Mesías.

Jesús se levantó en la celebración de Sucot y dijo: "¡Estoy aquí! He venido para darles agua viva. Cuando me prueben, nunca más volverán a tener sed". Qué evento tan increíble. Jesús estaba allí mismo con ellos, les estaba viendo caminar alrededor del altar, les vio derramar "agua viva" sobre el altar, y ellos comenzaron a llamar al Mesías para que viniera y trajera su reino a esta tierra, y Él dijo: "¡Aquí estoy!".

La cosecha

Sucot también se conoce como la fiesta de la cosecha. Hoy día, los judíos de todo el mundo guardan el Sucot construyendo pequeñas tiendas en su jardín, y nunca se cierran las puertas. Normalmente, el pueblo de Dios vive en sus casas con las puertas cerradas e invita a la gente a cenar y a convivir. Otros son bienvenidos, pero deben ser invitados porque las puertas están cerradas. En Sucot, la fiesta de los tabernáculos, la fiesta de la cosecha, las puertas permanecen abiertas. Todos los judíos saben que si usted ve un tabernáculo, puede entrar como extranjero, pero saldrá como un miembro de la familia.

> **Si tiene seres queridos que no han nacido de nuevo, tiene que clamar este mes por su salvación.**

¿Qué significa esto para nosotros? Si tiene seres queridos que no han nacido de nuevo, tiene que clamar este mes por su salvación. Jesús dijo: "*Yo soy la puerta; el que por mí entrare, será salvo*" (Juan 10:9). Jesús es la puerta, ¡y está abierta para todos!

Sucot es también un tiempo para que usted reúna su cosecha; no sólo almas salvadas, sino también su cosecha financiera. Diga estas palabras: "Él ha abierto la puerta, mis ojos están fijos en Él, y voy a tener el mejor año de mi vida hasta ahora".

13

La pieza perdida:
Derribando el muro

Los pueblos... oirán todos estos estatutos [la Torá], *y dirán: Ciertamente pueblo sabio y entendido, nación grande es esta. Porque ¿qué nación grande hay que tenga dioses tan cercanos a ellos como lo está Jehová nuestro Dios en todo cuanto le pedimos?*   (Deuteronomio 4:6–7)

Recientemente, Tiz y yo estábamos cenando con unos buenos amigos y colegas del ministerio, y estaban deseosos de contarnos lo que les acababa de ocurrir. Un hombre al que habían conocido, otro ministro, había llegado a su casa para cenar un viernes por la noche. Cuando se sentaron para cenar juntos, el visitante les preguntó: "¿Puedo enseñarles algo que traerá una gran bendición a ustedes, su casa y su familia?". Les enseñó sobre el Shabat, la bendición del Shabat. Ellos dijeron: "Larry, fue absolutamente increíble; el gozo, la paz y la presencia del Señor que sentimos esa noche. Fue como haber encontrado la pieza perdida del rompecabezas".

No obstante, junto a su emoción también había algo de preocupación. "¿Cómo explicar esto a otros, a nuestra familia y amigos?". Las dos partes de su familia provenían de varias generaciones de cristianos que estaban familiarizados con las enseñanzas de Pablo a los gálatas sobre ser redimidos de la maldición de la ley. Nuestros amigos siguieron diciendo: "Si intentamos contarles a nuestros familiares lo que experimentamos en el Shabat, sabemos que dirán que es sólo un legalismo del Antiguo Testamento".

Por ambas partes de la difícil alianza cristiano/judía parece haber un respeto histórico pero también un difícil escepticismo de que alguna vez pudiera haber algún tipo de coexistencia significativa. Y aún así, yo creo firmemente que este cisma no es sólo el plan directo y diabólico del maligno, sino también retrasar la liberación de la bendición y el poder milagroso de Dios, así como de la segunda venida de nuestro Mesías.

Una casa de Dios

Recuerde las palabras del profeta Amós y el apóstol Pablo, que visualizaron el día en que los judíos y los gentiles adorarían juntos al Dios de Abraham, de Isaac y de Jacob.

En aquel día yo levantaré el tabernáculo caído de David, y cerraré sus portillos y levantaré sus ruinas, y lo edificaré como en el tiempo pasado; para que aquellos sobre los cuales es invocado mi nombre posean el resto de Edom, y a todas las naciones, dice Jehová que hace esto.

(Amós 9:11–12)

Pero ahora en Cristo Jesús, vosotros que en otro tiempo estabais lejos, habéis sido hechos cercanos por la sangre de Cristo. Porque él es nuestra paz, que de ambos pueblos hizo uno, derribando la pared intermedia de separación. (Efesios 2:13–14)

Lo que Dios hizo entonces, está listo para hacerlo ahora en un derramamiento incluso mayor de su unción. *"La gloria postrera de esta casa será mayor que la primera, ha dicho Jehová de los ejércitos; y daré paz en este lugar"* (Hageo 2:9).

Creo que Dios va a hacer algo mayor de lo que ha hecho antes. El templo postrero será mayor que cualquier templo previo. Será un lugar donde la presencia y la adoración serán sobrenaturales; será un lugar lleno de señales, maravillas y milagros; y será una comunidad sin pared intermedia: judíos y gentiles adorarán juntos.

Porque él es nuestra paz, que de ambos pueblos hizo uno, derribando la pared intermedia de separación... (Efesios 2:14)

Sin *"pared intermedia"*; nada nos dividirá. Continúa el versículo 15:

...aboliendo en su carne las enemistades, la ley de los mandamientos expresados en ordenanzas, para crear en sí mismo de los dos un solo y nuevo hombre, haciendo la paz.

Un *"nuevo hombre de los dos"*. Los dos, judío y gentil, se convertirán en *"un nuevo hombre"* en la casa de Dios.

> *Edificados sobre el fundamento de los apóstoles y profetas, siendo la principal piedra del ángulo Jesucristo mismo, en quien todo el edificio, bien coordinado, va creciendo para ser un templo santo en el Señor.*
>
> (Efesios 2:20–21)

Esta es una casa de Dios, el tabernáculo de David, construido sobre la enseñanza de los apóstoles (Nuevo Testamento) y sobre las palabras de los profetas (Antiguo Testamento). Jesús, la Raíz, es la Piedra Angular, la *Pieza* que conecta a los dos, uniéndolos y sosteniéndolos juntos.

Un sermón profético

Quiero que lea un sermón profético del rabino Schneerson. Él habló sobre el cumplimiento de la profecía de Isaías sobre los gentiles:

> *Así dijo Jehová el Señor: He aquí, yo tenderé mi mano a las naciones, y a los pueblos levantaré mi bandera; y traerán en brazos a tus hijos, y tus hijas serán traídas en hombros.*   (Isaías 49:22)

> *Y tomaré también de ellos para sacerdotes y levitas, dice Jehová.*
>
> (Isaías 66:21)

El rabino Schneerson murió en 1994, pero en un famoso sermón en 1987 durante la fiesta judía del Purim, dijo:

> Cuando los gentiles norteamericanos, en números exponencialmente crecientes, abandonen sus iglesias y sus esfuerzos misioneros, cuando demanden carne kosher,…cuando reemplacen sus antiguas fiestas paganas por el Rosh Hashaná, Sucot y Januká, cuando patrocinen a rabinos para enseñarles partes relevantes de la Torá,…cuando defiendan activamente la integridad territorial de Eretz Israel,…entonces ningún judío, en ningún lugar, retendrá el más mínimo deseo de seguir en el golus [exilio]. Todos y cada uno de los hombres, mujeres y niños judíos correrán para abrazar la Torá, revelando finalmente su verdadero deseo subyacente. No

se trata de transformar a los gentiles, sino de simplemente revelar los cambios que ya se han logrado. Los gentiles mismos no tienen ni idea de que ya están listos, porque nunca han oído el concepto de las Siete Leyes de Noé.

Esta enseñanza del rabino Schneerson no sólo nos enseña sobre la profecía de Isaías, sino que es también la profecía que obtenemos de Pablo.

También digo: ¿No ha conocido esto Israel? Primeramente Moisés dice: Yo os provocaré a celos con un pueblo que no es pueblo; con pueblo insensato os provocaré a ira. E Isaías dice resueltamente: Fui hallado de los que no me buscaban; Me manifesté a los que no preguntaban por mí. (Romanos 10:19–20)

La palabra *provocar* no es una palabra negativa sino positiva. Significa "estimular". Cuando los gentiles comiencen a entender los milagros y bendiciones del Shabat, el talit, la Pascua y los días santísimos, y cuando añadamos a nuestra fe en Jesús el conocimiento judío de la Torá, quizá entonces los judíos añadirán a su entendimiento fe en Jesucristo como el Mesías.

Hasta que todos lleguemos a la unidad de la fe y del conocimiento del Hijo de Dios, a un varón perfecto, a la medida de la estatura de la plenitud de Cristo. (Efesios 4:13)

Así pues, ¿que nos mantiene separados? ¿Qué mantiene en pie esa pared intermedia?

La parte judía del muro

Y guarda sus estatutos y sus mandamientos, los cuales yo te mando hoy, para que te vaya bien a ti y a tus hijos después de ti, y prolongues tus días sobre la tierra que Jehová tu Dios te da para siempre. (Deuteronomio 4:40)

No hace mucho, Tiz y yo llevamos a nuestros nietos a la feria estatal de Texas aquí en Dallas. Les encantó. Les dimos algodón dulce, helados y todo tipo de comida basura. Como sólo tienen cuatro años de edad, no entienden que no se puede vivir a base de dulces. Cuando llegamos a casa, Anna, su madre y nuestra hija mayor, les sentó para cenar, pero, claro está, no querían comer lo que les había preparado. Todavía tenían sus tripas llenas de algodón dulce. Mamá tuvo que decirles que los niños pequeños no pueden vivir sólo a base de dulces. Lavarse los dientes, comer judías verdes y no jugar en la calle no son formas de castigo o maneras de ganar más amor, sino simplemente sabiduría. ¿Por qué? *"para que te vaya bien a ti y a tus hijos después de ti"*.

Recientemente, estaba conduciendo y vi un auto detenido en un puente con sus luces encendidas. Cerca de allí, había una bicicleta tirada en la carretera. Una señora estaba gritando frenéticamente por un lado del puente. El corazón se me subió a la garganta en el momento en que comenzaron a llegar a mi mente malas imágenes. Pisé los frenos y le grité a la mujer: "¿Está todo bien? ¿Le puedo ayudar?". Ella me miró con temor e ira en sus ojos, y dijo: "Mi hijo estaba en la cala pescando. Le dije que no bajara ahí nunca sin mí o sin su padre". Después, vi a ese pequeño subiendo de la cala, con la cabeza agachada y llorando. Pensé: *Oh, oh, se avecinan problemas*.

¿Por qué estaba mama tan enojada? ¿Era porque no quería que su hijo experimentara el gozo de pescar? No. Le aseguro que si mamá y papá le hubieran llevado a pescar, les habría encantado verlo pescar incluso el pez más pequeñito. Ella no estaba enojada porque estuviera pescando, sino porque estaba solo. La ley se había establecido: no puedes ir a pescar solo. El niño no apreció los peligros, pero sus padres sí. Le dieron reglas para que las cumpliera, no para saltar por los aros para ganarse su amor, sino porque ya le amaban tanto que no podrían soportar que algo malo le sucediera. Cuando nos fuimos en el auto, le dije a Tiz: "A alguien le van a dar hoy algún azote". Luego, pensé en nuestro Padre celestial. Dios castiga—castiga y reprende—a los que ama. (Ver Apocalipsis 3:19).

Construir una valla

Dios ha estado tratando con este mismo comportamiento rebelde de la humanidad a lo largo de la historia de la creación, y en ningún sitio se ha visto esto de forma más dramática que en su trato con Israel, su pueblo elegido. Parece ser un círculo interminable:

+ Dios libera a su pueblo porque les ama.

+ Ellos se vuelven a Él.

+ Él les da la ley para que estén protegidos y bendecidos.

+ Sus hijos desechan la ley, se rebelan y se meten en problemas.

+ Ellos claman a Dios.

+ Él los salva de nuevo.

+ Ellos empiezan a obedecerle de nuevo, y las bendiciones vuelven a fluir

+ Ellos se olvidan de Dios nuevamente y se meten en problemas.

+ Ellos claman a Dios.

+ Y otra vez lo mismo. Este es el patrón.

Al final de una rebelión en particular, Israel vio que estaba cautiva nuevamente, esa vez en Babilonia. Cuando finalmente salieron de la cautividad y volvieron a Jerusalén, los líderes de Israel convocaron una reunión: "la gran asamblea", donde un grupo de líderes judíos se comprometieron a establecer una solución para el problema cíclico de Israel de olvidarse repetidamente de la Palabra de Dios y permitir que sus enemigos les derrotaran. La cuestión en sí era: ¿cómo podían impedir que Israel volviera a apartarse? Tuvieron una idea: poner una valla alrededor de la Torá para que fuera imposible acercarse al borde y volver a caerse. Desgraciadamente, de la misma forma que la valla alrededor de su propiedad impide que sus hijos o su perro puedan salir, también puede aislarle impidiendo entrar a sus vecinos. En el caso de Israel, esta valla se llama la Torá oral, o la *mishná*. La palabra *mishná* significa "secundaria". Los límites o leyes hechos por el hombre se crearon para suplementar la Torá; una Torá secundaria, si quiere.

A decir verdad, las barreras creadas por el hombre no siempre son malas. Todos las tenemos hasta cierto grado. Por ejemplo, todos sabemos que los Diez Mandamientos estipulan que no deberíamos cometer adulterio. Para impedir que la gente ni siquiera se acerque a esta barrera, muchas iglesias ponen una valla—reglas hechas por el hombre—para impedir que los hijos de Dios se pierdan por el borde del camino. Estas reglas incluyen prohibir a los que trabajan en la iglesia que se reúnan a solas con miembros del sexo opuesto con las puertas de sus oficinas cerradas. Muchos ministerios jóvenes prohíben a sus empleados del ministerio estar a solas o llevar en el auto a estudiantes del sexo opuesto. Estas no son malas ideas; de hecho, son ideas buenas y sabias, pero se empiezan a torcer cuando cualquier ley del hombre se alza e iguala a las leyes de Dios. Es entonces cuando puede pasar de ser una salvaguarda o protección a ser una maldición.

Muchos creyentes han experimentado la maldición que ocurre cuando iglesias o denominaciones insisten en que sus miembros sigan las reglas de los hombres para poder seguir en la buena gracia de Dios. Las leyes de los hombres han estipulado que las mujeres no pueden maquillarse ni llevar pantalones. Las leyes de los hombres han prohibido a creyentes ver películas, ver la televisión o participar en cualquier tipo de baile. Las leyes de los hombres han prohibido baterías o guitarras eléctricas en la adoración. Cuando las leyes de los hombres determinan si alguien es aceptado o no en la congregación, entonces se convierten en una maldición. Sé que muchos de ustedes probablemente están añadiendo reglas del hombre similares que les enseñaron, reglas que vinieron del hombre y no de Dios. Sin embargo, se convirtieron en leyes que se imponían estrictamente en su iglesia o denominación.

> **Cuando las leyes de los hombres determinan si alguien es aceptado o no en la congregación, entonces se convierten en una maldición.**

Ahora, más de dos mil años después, estas vallas todavía son parte del muro que nos divide. Jesús se encontró con esto varias veces en su ministerio.

> *Se juntaron a Jesús los fariseos, y algunos de los escribas, que habían venido de Jerusalén; los cuales, viendo a algunos de los discípulos de Jesús comer pan con manos inmundas, esto es, no lavadas, los condenaban. Porque los fariseos y todos los judíos, aferrándose a la tradición de los ancianos, si muchas veces no se lavan las manos, no comen.*
>
> (Marcos 7:1–3)

Algunos de los religiosos acudieron a Jesús enojados porque habían observado que algunos de los discípulos de Jesús estaban comiendo pan con lo que ellos consideraban inmundo: las manos sin lavar. Una de las leyes que Dios dio en la Torá era sobre lavarse las manos antes de comer. En el judaísmo, una de las peores cosas que uno puede hacer es dar por hecho las bendiciones de Dios. En la tradición cristiana, antes de comer, inclinamos nuestra cabeza y damos gracias por la comida. Para los judíos, había una ceremonia de acción de gracias antes de una comida que incluía lavarse las manos.

Esa era la parte espiritual, pero había un componente físico en esto. En aquel entonces, la gente no entendía los hechos sobre los gérmenes y las enfermedades, pero Dios sí. Puede que usted insista en que ya no estamos bajo la ley, pero yo al menos estoy agradecido de que los empleados que preparan mi comida en los restaurantes obedezcan este aspecto de la ley. Si usted entra en los servicios de cualquier restaurante, siempre hay una señal que informa a los empleados de que, por ley, deben lavarse las manos antes de regresar al trabajo. Usted pueda hablar de la gracia todo lo que quiera, ¡pero yo todavía sigo queriendo que la ley insista en que se deban lavar las manos!

Pero esto no es con lo que Jesús estaba tratando en Marcos. Los fariseos no sólo querían que los seguidores de Jesús se lavaran las manos, sino también que lo hicieran de una *"forma especial, según la tradición de los ancianos"* (Marcos 7:3). Aquellas eran reglas de hombres que iban más allá de la ley de Dios de higiene en la Torá.

> *Le preguntaron, pues, los fariseos y los escribas: ¿Por qué tus discípulos no andan conforme a la tradición de los ancianos, sino que comen pan con manos inmundas? Respondiendo él, les dijo: Hipócritas, bien profetizó de vosotros Isaías, como está escrito: Este pueblo de labios me honra, mas su corazón está lejos de mí. Pues en vano me honran, enseñando como doctrinas mandamientos de hombres. Porque dejando el mandamiento de Dios, os aferráis a la tradición de los hombres: los lavamientos de los jarros y de los vasos de beber; y hacéis otras muchas cosas semejantes.* (Marcos 7:5–8)

En otras palabras, Jesús les acusó de tomar las reglas de los hombres y enseñarlas como si fueran las palabras de Dios mismo. Por ejemplo, mire esta sección del Talmud, parte de la Torá oral que se ha seguido escribiendo desde entonces, y vea cuántas leyes de los hombres pueden exceder las leyes de Dios.

Si un hombre vierte agua sobre una mano con un solo aclarado, su mano queda limpia; pero si lo hace sobre ambas manos con un solo aclarado, el rabino Meir le declara inmundo a menos que vierta sobre él un litro o más. Si cae (en el agua) un pan de ofrenda mecida sigue siendo limpio, pero el rabino Jose lo declara inmundo. Si vierte la primera agua sobre un lugar y la segunda agua sobre otro, y el pan de la ofrenda mecida cae en la primera agua, se considera inmundo. Si vierte la primera y la segunda agua sobre el mismo lugar y el pan de la ofrenda mecida cae sobre ella, queda inmundo. Si vierte la primera agua (sobre sus manos) y se encuentra un trozo de madera o grava en sus manos, sus manos quedan inmundas.

(de la sección Yadin de la Mishná)

Imagínese volúmenes y volúmenes de este tipo de minuciosidad. Dios simplemente dijo: "Lávense las manos. Quizá no entiendan por qué, pero háganlo *'para que te vaya bien'*" (Deuteronomio 4:40). Ahora, puede entender por qué Jesús reprendió a esos maestros que se enseñoreaban de otros con leyes humanas como si fueran leyes de Dios.

Porque atan cargas pesadas y difíciles de llevar, y las ponen sobre los hombros de los hombres; pero ellos ni con un dedo quieren moverlas.

(Mateo 23:4)

La ley de los hombres, la valla, ata a los hombres con ataduras que nadie puede soportar.

Mas ¡ay de vosotros, escribas y fariseos, hipócritas! porque cerráis el reino de los cielos delante de los hombres; pues ni entráis vosotros, ni dejáis entrar a los que están entrando (versículo 13)

Según Jesús, los fariseos no estaban amando a Dios y amando a la gente, sino prácticamente estaban *"cerrando el reino de los cielos delante de los hombres"*. Nadie puede seguir estas leyes creadas por el hombre. La mayoría de la gente ni siquiera puede entenderlas, y mucho menos hacerlas. Vuelva a leer lo que el Señor nos enseña en Mateo 23:23–24:

¡Ay de vosotros, escribas y fariseos, hipócritas! porque diezmáis la menta y el eneldo y el comino, y dejáis lo más importante de la ley: la justicia, la misericordia y la fe. Esto era necesario hacer, sin dejar de hacer aquello. ¡Guías ciegos, que coláis el mosquito, y tragáis el camello!

Jesús les reprendió de nuevo por colar un mosquito y tragarse un camello. Él estaba diciendo: sí, el diezmo es parte de la ley de Dios, pero también les decía que hay cosas que nos enseña la Palabra de Dios que son incluso más importantes. Al imponer sus estrictas reglas religiosas, ellos estaban también dejando a un lado los mandamientos de Dios para poder mantener las tradiciones de los hombres.

Luego tenemos una carta del apóstol Pablo, asegurándose que Tito no estuviera *"atendiendo a fábulas judaicas, ni a mandamientos de hombres que se apartan de la verdad"* (Tito 1:14). Pablo estaba advirtiendo a Tito de que no escuchara las fábulas judías o los mandamientos de hombres.

Tenemos que recordar que *"no hurtarás"* (Éxodo 20:15) no es una fábula judía, ni una regla hecha por los hombres, sino la ley de Dios. Lo mismo ocurre con el resto de los Diez Mandamientos, y lo mismo ocurre con el hecho de recordar el Shabat. Sin embargo, se convierten en fábulas judías y cristianas cuando los hombres construyen vallas con leyes de hombres y las tratan como si procedieran de Dios.

Intocable

Volvamos a esa clásica película musical, *Fiddler on the Roof* (El violinista sobre el tejado). El título deriva su nombre de la descripción de Tevye de la relación de amor y odio de los judíos con sus leyes. Él dice que viven sus vidas "como un violinista en el tejado", intentando tocar sus instrumentos sin perder el equilibrio y caerse. En su caso, el equilibrio está entre la vida, la familia, Dios y sus tradiciones.

En una escena, Tevye sale con el carnicero, Lazar Wolf, para arreglar que el hombre se case con Tzeitel, la hija de Tevye. Celebran su acuerdo en la posada local, pero la habitación queda dividida por una pared invisible de tradición. Por un lado están los judíos; por otro lado están los rusos gentiles. En la celebración, uno de los rusos hace un gesto de buena voluntad extendiendo su mano para felicitar a Tevye. Sin pensárselo dos veces, Tevye también extiende su mano, luego mira al hombre y al instante la retira. ¿Por qué? Tevye no quería tocar a ese gentil para no convertirse en "inmundo". Lo que comenzó con la Palabra de Dios instando a Israel a "no actuar como lo hacían los gentiles", con los años se convirtió en "ni siquiera toques a un gentil". Por eso Tevye retira su mano. La ley de Dios dice: "No actúes como el mundo". La valla del hombre se convierte en: "para no *actuar* como ellos, no debemos ni siquiera *tocarlos*".

¿Se acuerda del Sermón del Monte, cuando Jesús estaba instando a los judíos a no poner su luz bajo una mesa sino a dejarla brillar para que todos la vieran? Les instó a ser luz en un monte. Ese era el plan de Dios, el cumplimiento del pacto abrahámico de ser una bendición para todas las naciones.

Oh Jehová, fortaleza mía y fuerza mía, y refugio mío en el tiempo de la aflicción, a ti vendrán naciones desde los extremos de la tierra, y dirán: Ciertamente mentira poseyeron nuestros padres, vanidad, y no hay en ellos provecho. ¿Hará acaso el hombre dioses para sí? Mas ellos no son dioses. Por tanto, he aquí les enseñaré esta vez, les haré conocer mi mano y mi poder, y sabrán que mi nombre es Jehová.
(Jeremías 16:19–21)

Así ha dicho Jehová de los ejércitos: En aquellos días acontecerá que diez hombres de las naciones de toda lengua tomarán del manto a un judío, diciendo: Iremos con vosotros, porque hemos oído que Dios está con vosotros. (Zacarías 8:23)

La visión de Pedro

¿Suenan estos versículos como si Dios quisiera que los judíos se separasen completamente y trataran a los gentiles como a intocables? Sin embargo, incluso Pedro luchó con esto cuando, en una azotea, recibió una visión de Dios llena de todo tipo de comida que no era kosher y que los judíos consideraban "inmunda".

Al día siguiente, mientras ellos iban por el camino y se acercaban a la ciudad, Pedro subió a la azotea para orar, cerca de la hora sexta. Y tuvo gran hambre, y quiso comer; pero mientras le preparaban algo, le sobrevino un éxtasis; y vio el cielo abierto, y que descendía algo semejante a un gran lienzo, que atado de las cuatro puntas era bajado a la tierra; en el cual había de todos los cuadrúpedos terrestres y reptiles y aves del cielo. Y le vino una voz: Levántate, Pedro, mata y come.

Entonces Pedro dijo: Señor, no; porque ninguna cosa común o inmunda he comido jamás. Volvió la voz a él la segunda vez: Lo que Dios limpió, no lo llames tú común. (Hechos 10:9–15)

Dios estaba a punto de enseñarle a Pedro una lección.

Había en Cesarea un hombre llamado Cornelio, centurión de la compañía llamada la Italiana, piadoso y temeroso de Dios con toda su casa, y que hacía muchas limosnas al pueblo, y oraba a Dios siempre. Este vio claramente en una visión, como a la hora novena del día, que un ángel de Dios entraba donde él estaba, y le decía: ¡Cornelio! (Hechos 10:1–3)

En esta visión, Dios le dijo a Cornelio, un gentil, que enviara hombres a Jope para encontrar a un hombre llamado Pedro, un judío. Este es el problema: Pedro no iba a ir con Cornelio porque consideraba a los gentiles como "inmundos". Aunque la Palabra de Dios decía que los judíos debían ser la luz del mundo, la tradición de los hombres había puesto una valla, dividiendo a judíos y gentiles. Decía: "No toques, comas o tengas comunión con los inmundos". Por eso, Dios le dio a Pedro una visión, diciendo: *"Lo que Dios limpió, no lo llames tú común"*. Así, cuando aparecieron los hombres, Pedro se fue con ellos. Ahora mire lo que dijo Pedro cuando se reunió con Cornelio.

Y les dijo: Vosotros sabéis cuán abominable es para un varón judío juntarse o acercarse a un extranjero; pero a mí me ha mostrado Dios que a ningún hombre llame común o inmundo. (versículo 28)

Ahora Pedro estaba obedeciendo la Palabra de Dios, no las tradiciones de los hombres. En el versículo 35 Pedro dijo: *"sino que en toda nación se agrada del que le teme y hace justicia"*. Mientras Pedro estaba hablando, el Espíritu Santo cayó sobre todos los que estaban allí, tanto judíos como gentiles. *"Mientras aún hablaba Pedro estas palabras, el Espíritu Santo cayó sobre todos los que oían el discurso"* (versículo 44). Eso, claro está, se tradujo en problemas. Lea ahora lo que ocurrió.

Oyeron los apóstoles y los hermanos que estaban en Judea, que también los gentiles habían recibido la palabra de Dios. Y cuando Pedro subió a Jerusalén, disputaban con él los que eran de la circuncisión, diciendo: ¿Por qué has entrado en casa de hombres incircuncisos, y has comido con ellos? (Hechos 11:1–3)

La valla se había empezado a derribar, pero aún había resistencia. Permítame también decir esto: no son sólo las tradiciones judías de hombres las que han construido esa pared divisoria entre judíos y gentiles. Los cristianos han hecho muchas cosas malas y horribles a los judíos y a Israel, de las que tenemos que arrepentirnos. Las enseñanzas de los hombres vienen tanto del lado judío de la valla como del lado cristiano. Es tiempo de dejar de permitir que los hombres nos aten con cargas pesadas (ver Mateo 23:4) ¡y es tiempo de dejar que la verdad nos haga libres! (Ver Juan 8:32).

> **Las enseñanzas de los hombres vienen tanto del lado judío de la valla como del lado cristiano.**

El lado cristiano de la pared

Ahora, echemos un vistazo a nuestra parte del problema. En este momento, siento la necesidad de decir que esto es sólo *parte* de nuestra parte del problema, pero es un buen lugar para comenzar.

Volvamos a la increíble profecía del rabino Schneerson sobre los gentiles tomando la iniciativa en la destrucción de la pared divisoria. Me podría aventurar a decir que, para muchos cristianos, de toda la enseñanza de Schneerson hay una cosa que sobresale. Diría que lo que más captó su atención fue la palabra *leyes*, específicamente las "siete leyes de Noé". Quizá piense: *yo no voy a cargar mi vida de leyes judías ridículas. ¡Jesús murió para liberarme! Además, ¡nunca había oído hablar de ellas!*

Quizá nunca haya oído hablar del término "siete leyes de Noé", pero le garantizo que conoce las leyes:

1. Prohibición de la idolatría: no tendrás ídolos delante de Dios.

2. Prohibición de asesinar: no matarás.

3. Prohibición de robar: no hurtarás.

4. Prohibición de promiscuidad sexual: no cometerás ninguna de las prohibiciones sexuales, que incluyen adulterio, incesto, bestialidad y relaciones homosexuales.

5. Prohibición de blasfemar: no blasfemarás el nombre de Dios.

6. Leyes dietéticas: no comerás carne tomada de un animal mientras aún está vivo.

7. Requisito de tener sólo leyes: establecerás un poder judicial eficaz para imponer justamente las seis leyes anteriores.

Usted no sólo conoce estas leyes, sino que probablemente también las está siguiendo. Sin embargo, solamente oír la palabra *ley* puede hacer que nos escabullamos, dejando la pared divisoria firmemente en su sitio.

Jesús no vino para que usted deje de lavarse las manos sino para romper la maldición de las tradiciones de los hombres. Él no vino para anular el Shabat sino para cumplirlo como una bendición para el hombre, algo que le servirá al hombre y no al revés. Él dijo: "Si tengo hambre en el Shabat, voy a comer". (Ver Mateo 12:3–8). Él no vino para destruir la ley o los profetas, sino para mostrarnos cómo caminar por el camino de la Torá—la Palabra de Dios—y no las tradiciones de los hombres, *"para que te vaya bien a ti y a tus hijos después de ti"* (Deuteronomio 12:28). *"De manera que la ley a la verdad es santa, y el mandamiento santo, justo y bueno"* (Romanos 7:12). La ley no es una valla o castigo. ¡La ley es santa!

Si nosotros, como gentiles, podemos comenzar a ver la ley como el camino de bendición que es en lugar de la limitación que mata la libertad que el hombre ha hecho de ella, quizá comencemos a disfrutar el hecho de caminar por ella, y nuestros hermanas y hermanos judíos se unirán a nosotros y nos preguntarán sobre la esperanza que tenemos en Cristo Jesús.

El Dios que usted busca

Al acercarnos al final, siento en mi espíritu que necesito contarles una historia sobre un hombre judío en el mar Muerto. Tiz y yo estábamos dirigiendo un viaje a Israel. Tras registrarnos en nuestro hotel, reuní a Tiz y a los niños y corrimos a la playa. Estábamos todos riendo y pasando un buen rato cuando observé a un hombre y su esposa que nos estaban mirando. Estaban vestidos como visten los ortodoxos judíos: ella llevaba manga larga y una falda hasta los pies, con su cabeza cubierta; él iba con traje y sombrero negro. Ella estaba sentada en su silla en la orilla, y él estaba de pie cerca de ella pero en el agua con sus pantalones remangados.

Mientras nadábamos por allí, él salió y vino hacia donde estábamos y, con una sonrisa en su rostro, preguntó: "¿Es su familia?". Le dije que sí, y que este era su primer viaje a Israel. Mientras hablamos, pude sentir que había algo más en su mente.

Finalmente, dijo:

—¿Puedo hacerle una pregunta?

—Claro—le dije.

—Alrededor de su cuello, ¿tiene una estrella de David, un Magen David?

—Sí—le respondí.

—¿Y una cruz?—me preguntó.

—Sí.

—¿Cómo es posible? ¿Una estrella de David y una cruz?

Compartí con él muchas de las cosas que ya he compartido con usted en este libro. Hablé de cómo Jesús vino para injertarnos, a sus seguidores gentiles, en el árbol de Israel. Compartí cómo Jesús no vino para desechar la ley sino para sacarnos de la maldición del hombre y para enseñarnos a caminar en el camino de Dios.

Las lágrimas comenzaron a llenar los ojos de aquel hombre, y me dijo: "Yo soy un hombre mayor, y estoy buscando a Dios. No quiero vestir de negro y estar atado por tantas leyes, pero tampoco puedo hacer lo que veo que hacen la mayoría de los cristianos. *Este* es el Dios que estoy buscando".

Mi oración es que lo que Dios me ha mostrado y que yo le he contado a usted pueda comenzar a llenar lo que ha estado faltando en su vida y su caminar cristianos. Creo que es la pieza perdida de un rompecabezas que la iglesia ha estado buscando durante dos mil años. En el libro de Romanos, Pablo citó de Moisés e Isaías al tratar el tema de la coexistencia judeo-gentil.

Hermanos, ciertamente el anhelo de mi corazón, y mi oración a Dios por Israel, es para salvación. Porque yo les doy testimonio de que tienen celo de Dios, pero no conforme a ciencia. Porque ignorando la justicia

*de Dios, y procurando establecer la suya propia, no se han sujetado a
la justicia de Dios; porque el fin de la ley es Cristo, para justicia a todo
aquel que cree. Porque de la justicia que es por la ley Moisés escribe
así: El hombre que haga estas cosas, vivirá por ellas….Porque no hay
diferencia entre judío y griego, pues el mismo que es Señor de todos, es
rico para con todos los que le invocan; porque todo aquel que invocare
el nombre del Señor, será salvo. ¿Cómo, pues, invocarán a aquel en el
cual no han creído? ¿Y cómo creerán en aquel de quien no han oído?
¿Y cómo oirán sin haber quien les predique? ¿Y cómo predicarán si no
fueren enviados?…Así que la fe es por el oír, y el oír, por la palabra de
Dios. Pero digo: ¿No han oído? Antes bien, por toda la tierra ha salido
la voz de ellos, y hasta los fines de la tierra sus palabras. También digo:
¿No ha conocido esto Israel? Primeramente Moisés dice: Yo os provocaré a celos con un pueblo que no es pueblo; con pueblo insensato os
provocaré a ira. E Isaías dice resueltamente: fui hallado de los que no
me buscaban; me manifesté a los que no preguntaban por mí.*

(Romanos 10:1–5, 12–15, 17–20)

Isaías era el profeta de Dios que habló de Jesús cuando dijo: "*fui hallado de los que no me buscaban; me manifesté a los que no preguntaban por mí*".

Yo no busqué la Torá, pero Dios se manifestó a mí a través de ella. Yo
no busqué el Shabat, pero Dios se manifestó a mí a través de él. Yo no busqué el talit, pero Dios se manifestó a mí a través de él. No busqué la Pascua
o el Rosh Hashaná, o Pentecostés ni ningún otro día santo judío, pero Dios
se manifestó a mí a través de ellos.

Durante muchísimo tiempo los cristianos han creído la mentira de que
hay muerte en la ley. No obstante, quizá sea sólo en estos últimos tiempos
cuando Dios está llamando a todos sus hijos a descubrir la vida y bendición
que tienen disponibles a través de su santa Palabra: la Torá. Que seamos
nosotros los que comencemos a derribar la pared intermedia que separa a
judíos y gentiles y una la casa de Dios una vez más. Entonces, los milagros
del misterio de la Torá empezarán a surgir, y el reino de Dios será establecido en la tierra, como sucede en el cielo.

Que el Dios de Abraham, de Isaac y de Jacob le bendiga y le guarde.

Shabat shalom.

Apéndice:
Las siete principales fiestas judías

Fiesta	Tradición judía / Paralelismo cristiano	Ref. bíblica.	Fechas	Celebración
Panes sin levadura	Una semana de comer pan hecho sin levadura (matzah) para recorar cómo Dios sacó a los israelitas de Egipto con prisa. Para los cristianos, recordar que Jesús es el Pan de vida y nuestro Sustentador.	Levítico 23:4, 6–8	(Periodo de siete días) Atardecer 29/3–6/4/2010 18–26/4/2011 6–14/4/2012 25/3–2/4/2013	Limpiar su casa de pan leudado y comer sólo matzah por siete días como rechazo del pecado en su vida.
Pascua (*Pesach*)	Recordar el éxodo de Egipto y la liberación de Dios de los judíos de siglos de esclavitud. Preparación para su entrada en la Tierra Prometida. Para los cristianos, recordatorio de que antes estábamos perdidos pero ahora somos salvos.	Levítico 23:4–8 Éxodo 12	(Primeras dos noches de la Fiesta de Panes sin levadura) Atardecer 29–31/3/2010 18–20/4/2011 6–8/4/2012 25–27/3/2013	Celebrar un Séder con familia y amigos.
Primicias	Presentar una gavilla de los primeros frutos de la cosecha. Para los cristianos, recordatorio de que todo lo que tenemos viene de Dios.	Levítico 23:10–14	(Día después del Shabat durante la Pascua) Atardecer 3/4/2010 23/4/2011 7/4/2012 30/3/2013	Hacer una ofrenda extra, por encima del diezmo, en gratitud por su próximo año de bendición.

Fiesta	Tradición judía / Paralelismo cristiano	Ref. bíblica.	Fechas	Celebración
Pentecostés (*Shavuot*)	Liberación de la doble bendición de Dios (un Shabat de Shabats). Celebra que el Señor dio la ley a Moisés en el monte Sinaí. Para los cristianos, celebración de cuando el Espíritu Santo cayó sobre los seguidores de Jesús.	Levítico 23:15–25	(Cincuenta días después de la Pascua) Atardecer 18/5/2010 7/6/2011 26/3/2012 14/5/2013	Reunirse con iglesia o grupo de oración y ungir las manos de todos para prosperidad. Imponer manos en las frentes de todos para sabiduría y los dones del Espíritu. Orar para romper toda maldición y se cancele toda deuda.
Rosh Hashanah Nuevo Año judío o fiesta de las trompetas	Celebra el comienzo año civil judío. Es un tiempo de regocijo y de reflexión. Para los cristianos, un recordatorio para estar listos para el rapto que vendrá.	Levítico 23:23–25	(Primer día del calendario judío) Atardecer 18/9/2009 8/9/2010 28/9/2011 16/9/2012 4/9/2013	La noche en que celebramos lo que Dios ha hecho, y después quitamos cosas nuestra vida y nos volvemos a Dios.
Yom Kipur Día de Expiación	Día más santo del año judío. El sumo sacerdote entraba al Lugar Santísimo a ofrecer un sacrificio por los pecados de Israel. Para los cristianos, momento de celebrar el sacrificio de Jesús que nos permite acudir ante Dios personalmente.	Levítico 16:1–34 23:26–32	(Diez días después de Rosh Hashanah) Atardecer 27/9/2009 17/9/2010 7/10/2011 25/9/2012 13/9/2013	Ayunar 24 horas Permitir que revele formas en las que es usted débil. Llevar un sacrificio, o regalo, a su casa de adoración en gratitud.
Fiesta de los tabernáculos (*Sucot*) fiesta de reunión/de las naciones	Recuerda 40 años de vagar en desierto, vivir en tiendas, y adorar en un tabernáculo portátil. Se construyen tiendas temporales para recordar a Israel su vagar en el desierto. Para los cristianos, reflexión sobre la Segunda Venida y el reino milenial de Jesús en la tierra.	Levítico 23:33–43	(Siete días siendo el primero un Shabat) Atardecer 2–9/10/2009 22–29/9/2010 12–19/10/2011 31/9–7/10/2012 18–25/9/2013	Reclama salvación para familiares y seres queridos. Proclama las bendiciones que Dios va a darle el siguiente año. Reuión con amigos, salvos y no salvos.

Para futuras fechas adicionales de fiestas y vacaciones judías, ver la página web: www.chabad.org.

Glosario de términos

Afikomen	Griego, significa "postre". La mitad del medio matzah Que, cuando se rompe, se vuelve a colocar con los otros hasta el final la comida.
Arba kanfot	Hebreo para "cuatro alas"—o esquinas—de un talit judío.
Charoset	Un ingrediente de la comida Séder, una pasta hecha a base de manzanas o dátiles, nueces, miel y canela, que representa lo que los esclavos judíos usaban para hacer los ladrillos para Egipto.
Etnos	Palabra griega para gentiles.
Gentil	Cualquier persona no judía.
Hagadá	El orden de servicio y texto para la celebración Séder.
Jalá	Pan de molde tradicional judío empanado usado en la celebración del Shabat.
Kidush	Una bendición que se recita sobre una copa de vino o jugo de uva para santificar el Shabat o las fiestas judías.
Kraspedon	Palabra hebrea para "borde", usada para referirse al borde del manto de Jesús y que se cree que eran las borlas de lana retorcidas de un talit.
Logos	Palabra griega para "la palabra escrita", usada también para "lógica".

Maror	Se deriva de la palabra hebrea "amargo"; tradicionalmente, una raíz de rábano crudo se coloca simbólicamente en el plato Séder.
Menuhah	Palabra hebrea para "descanso", como se encuentra en Génesis 2:2: "Descansó Él el séptimo día". No significa "sueño" sino más bien "paz", "armonía", "felicidad" o "no conflicto".
Mezuzá	Una pequeña placa que se pone en la entrada de toda casa judía inscrita con palabras del Shemá. Cumple un mitzváh de Dios en Deuteronomio 6:9.
Midrásh	Homilías y estudios escritos e interpretaciones de la Escritura del Antiguo Testamento.
Mishná	Forma escrita de tradiciones orales judías, también llamada la Torá oral.
Mitzvá	Palabra hebrea para "mandamiento". Se refiere a los mandamientos que Dios nos ha dado. No sólo los Diez Mandamientos, sin embargo, sino también los 613 mitzvás que se encuentran en la Escritura.
Nomos	Palabra griega para "ley", normalmente tal como se ejecuta por instituciones religiosas. Una forma de ser aceptado o aceptable.
Pascua	En hebreo, *Pesach*, una fiesta judía anual, o día santo, que recuerda el éxodo de Israel de Egipto y la liberación de la esclavitud. Literalmente se refiere a la plaga que Dios envió a Faraón y que mató a los hijos primogénitos de Egipto. La aplicación judía de la sangre del cordero a los dinteles de sus puertas hace que la maldición "pase" de su casa.
Pesach	(Ver Pascua).
Rabino	Palabra hebrea que significa "grande" o "reverenciado", normalmente se refiere a un hombre judío que era un maestro de la Torá. No una ocupación sino un título.
Rhema	Término griego para la Palabra de Dios hecha viva por inspiración del Espíritu Santo.

Rosh Hashanah	Término hebreo para "cabeza del año". Primer día del calendario judío y un periodo de diez días de reflexión y arrepentimiento que conducen a Yom Kipur, el día de la expiación.
Séder	Palabra hebrea para "orden" o "arreglo", pero también se refiere a la comida y la ceremonia de la primera y segunda noche de la Pascua.
Shabat	Shabbat en hebreo, un día de reposo, que comienza al atardecer cada viernes.
Shabbat	Palabra hebrea para Sabbath que significa "reposo" o "cesar" (ver Shabat).
Shalom	Palabra hebrea para "paz" en el sentido de totalidad y bienestar. También una bendición hebrea para "hola" y "adiós".
Shavuot	Hebreo para "semanas". Denota la fiesta de Pentecostés, que celebra cuando Dios dio a Moisés los primeros cinco libros del Antiguo Testamento en el monte Sinaí.
Shemá	Palabra hebrea para "oír". Primera palabra de la oración diaria judía que dice: "Oye Israel: Jehová nuestro Dios, Jehová uno es" (ver Deuteronomio 6:4).
Shofar	Trompeta Antigua hecha de un cuerno. Se toca como preparación para el Rosh Hashanah y el Yom Kipur.
Sucot	Palabra hebrea, plural para "tienda" o "cabaña". Significa la fiesta de los Tabernáculos, celebrada durante siete días después de Yom Kipur. Un recordatorio de cuando Israel vivía en el desierto en tiendas, y después adoraba en un tabernáculo portátil, un precursor de un templo permanente.
Talit	Un manto de oración que los hombres hebreos visten tradicionalmente como ropa exterior. El borde del talit tiene borlas hechas con hilo azul en sus cuatro esquinas, o alas.
Torá	Palabra hebrea para "aprendizaje", "instrucción" o "ley". La Palabra o ley de Dios como un camino hacia la relación

con nuestro Padre. También se refiere a los primeros cinco libros del Antiguo Testamento.

Tzedaká	Palabra hebrea comúnmente traducida como "caridad", pero también parte de la raíz de "justicia". Utilizada para referirse a actos de bondad.
Caja Tzedaká	Un pequeño recipiente en el cual los niños judíos ahorran su dinero para utilizarlo en actos de caridad.
Yarmulke	También *kipá*, o gorra, que los hombres judíos llevan en la sinagoga o en los días santos.
Yeshúa	Nombre común durante el periodo del Segundo Templo en la historia judía. Se creía que era el equivalente hebreo o arameo del nombre Jesús.
Yom Kipur	Término hebreo para Día de la expiación. La más solemne fiesta judía. Durante la adoración en el templo, era el día en que el sumo sacerdote entraba en el Lugar Santísimo para ofrecer un sacrificio que perdonaba los pecados de la nación por otro año.
Zakar	Palabra hebrea para "marcar", utilizada en el mandamiento de recordar el Shabat y santificarlo.

Acerca de Larry Huch

Larry Huch es el fundador y pastor principal de DFW Nuevos Comienzos (New Beginnings) en Irving, Texas. Fundada en Noviembre de 2004, esta iglesia no denominacional se ha convertido rápidamente en una congregación diversa y multiétnica de varios miles de personas. El pastor Larry y su esposa, Tiz, son movidos por un compromiso apasionado por ver a la gente prosperar en cada área de su vida. Esa pasión, junto con su entusiasmo, amor genuino por la gente y su eficaz enseñanza, ha propulsado un ministerio que se extiende ya durante más de treinta años y en dos continentes.

Esa misma energía y compromiso para compartir un mensaje positivo, transformador y basado en la Biblia con el mundo es el sello del programa de televisión internacional del pastor Larry, *Nuevos Comienzos*. Este programa se retransmite semanalmente a millones de hogares alrededor del mundo y ha servido para tocar y cambiar las vidas de innumerables personas.

La combinación de humor, un estilo de enseñanza dinámico y un profundo entendimiento de la Biblia son la firma del pastor Larry, la cual le ha hecho ser alguien muy solicitado en programas de televisión, conferencias y otras formas de medios de comunicación. El pastor Larry es pionero en el área de romper maldiciones familiares, y ha sido reconocido en el mundo por sus enseñanzas sobre el tema, junto con su libro éxito de ventas, *Libre al Fin*. Su exitoso libro de seguimiento, *10 Maldiciones que Bloquean la Bendición*, también es un éxito de ventas. Como exitoso autor, el pastor

Larry ha sido honrado con los testimonios de miles y miles de personas cuyas vidas han sido impactadas y alteradas para siempre por su testimonio y sus enseñanzas.

El pastor Larry está totalmente comprometido a unir la brecha existente entre cristianos y judíos y a restaurar la iglesia a sus raíces judeocristianas. Él cree firmemente en el estudio, entendimiento y enseñanza de la Palabra desde una perspectiva judía. Larry tuvo el honor de haber hablado en el Knesset israelí, y ha recibido premios del Knesset Social Welfare Lobby por la generosidad de su ministerio hacia las necesidades de los judíos en Israel.

Los pastores Larry y Tiz son los orgullosos padres de tres maravillosos hijos (y un yerno y una nuera), los cuales están todos activos en el ministerio. Sus tres nietos, los "dulces", ¡son el amor de sus vidas!